地

就活下剋上

なぜ彼らは三流大学から一流企業に入れたのか

GS
幻冬舎新書
337

まえがき

アベノミクス効果か、大学生の就活市場が好調と言われている。だが、それは現実とはかけ離れている。最も特徴的なのは、これまでの主流だった、インターネットによる就活のあり方の変化だ。

2013年3月16日付の財経新聞にこんな記事が掲載された。

『「新卒ニート」3万人、就活の「学歴格差」は拡大へ』

2012年3月に大学を卒業した約56万人のうち、15・5パーセントの8万6000人が進学も就職もしなかったというのだ（文部科学省「平成24年度学校基本調査」）。

進学も就職もしなかった者のうち、約3万3000人（卒業者の約6パーセント）は、職探しや進学準備をしていない「新卒ニート」である。

この新卒ニートは、明らかに、偏差値の低い文系大学の出身者が多い。実際にこうした大学は、企業から見たら「箸にも棒にもかからない」、つまり「使えない」学生を量産している。

さらにこの記事によると、2014年卒採用における企業が特に注力する採用施策は、「学内企業セミナー」が1位、「自社セミナー・説明会」が2位となった（HR総合研究所調べ）。

そして注目すべきは、これまで1位だった「就職ナビサイト」が3位に落ちたことだ。

今までの就職活動は、企業が就職ナビサイトに求人を載せ、ナビサイトが主催する大規模な合同企業説明会に出展して、学生の応募を集めるのが主流だった。

この結果は、山のようにエントリーしてくる何万人もの学生に対応することに大企業が疲れてしまい、「ターゲット校」、つまり特定の高偏差値大学の学生を獲得するためのセミナー重視に切り替えたことを示している。それに伴い、有名大学も学内企業セミナーに力を入れるようになった。

それは、どんな大学の学生でも、クリックするだけで大企業・有名企業にエントリー（だけは）できた、幻想の時代の終わりを意味している。

文部科学省が2013年8月に発表した学校基本調査（速報値）によると、2013年春の大学卒業者のうち、非正規雇用など「安定的な雇用に就いていない者」は約11万6000人である。前年に比べ約1万3000人減少したが、2013年春の大卒者55万853人の20・7パーセントを占める。5人に1人が不安定雇用なのだ。

大卒者就職率は67・3パーセントで、卒業者の内訳は、進学者7万2821人（13パーセント）、正規採用など安定的な雇用に就いた者35万3173人（63・2パーセント）、安定的な雇用に就いていない者11万5564人（20・7パーセント）である。

不安定層を分類すると、教員採用など就職準備中4万1832人、契約社員など非正規雇用2万2786人、アルバイトなど一時的な仕事1万6850人、進学準備中3326人、その他（家事手伝いやボランティアなど）3万7770人だった。

数字の上では、当然ながら就職できている学生数の方が多い。

しかし、多くの学生が、不本意な非正規雇用になったり、ニートになったりしている上、正社員で就職できた学生も、ブラック企業をすぐ辞めたり、労働条件の悪い会社で幸福な職業人生を送っているとは言いがたい面も多々ある。

本書は、そうした中でも特に、不本意な就職や、就職できない可能性が高い、いわゆる三流大学から一流企業に就職するための本である。

もちろん、一流企業とは、大企業・有名企業だけの話ではない。本人にとって本当に納得のいく望ましい進路を開拓できるよう、学生時代に何をすればいいのか、どういう大学教育が大学生を本当に育て上げられるのかを考察している。

アベノミクスの効果で2014年は一時的に採用市場が活況を呈していても、働くのはその後の何十年である。さらに、後の世代がどうなっていくのかは、誰にもわからない。

本書が、混沌とした時代に、未来を担う若者がタフになるための参考となることを祈っている。

就活下剋上／目次

第3章 偏差値が低くても、就職に強い大学はある！ 121

第1章

就活の現状

就職できなかった大学生たちの行方

旺文社の「パスナビ」というホームページに掲載された各大学の就職データがある。これによると、筆者の出身大学である、東洋大学社会学部の2013年3月の卒業者は706人。就職希望者は584人、就職者は564人、就職希望者の就職率は97パーセントだが、卒業後に就職を希望しなかった学生が122人もいる。

もちろん、様々な進路の選択はあるだろうし、すぐに就職しない人生も否定はしないが、この人たちは新卒一括採用から消え、もう二度と帰ってこない。

あまり話題にならないのが、この中に含まれるであろう、就職を希望したのに就職できなかった学生だ。就職を希望したのにできなかった大学生が、卒業後に大学のキャリアセンターから在学時のような手厚い就職のサポートを受けることはまれだ。

企業が新卒一括採用をやめれば、こうした、すぐに就職しない学生にもチャンスが広がるのだろうか。よほど優秀なら年齢に関係なく就職できるだろうが、その多くは、企業が欲しがらない人材、というのが現実である。

「就職率95パーセント！」というような景気の良い数字を広告する大学は多い。もちろん就職希望者の就職率なので、嘘は言っていない。

しかしこの広告は、「就職を希望しなかった学生」の存在を、意図的に消し去っている場合がある。確かに大学は、入学者の4〜5割が就職できないとは言いたくないだろう。だが、そうした大学が少なくないのは事実だ。

たとえばある大学は350人が入学、248人が卒業、167人が就職希望、153人が就職で、希望者就職率92パーセントと宣伝している。しかし、卒業者の就職率は62パーセント、入学者の就職率に至っては44パーセントだ。

これは学生の進路の多様化だけでは説明がつかない。入学者の3割が4年で卒業できなかったというのは、尋常ではない。進級・卒業の難しさで有名な東京理科大ならともかく、文系私大なのだ。おそらく数字には出ていないが、かなりの中退者がいると思われる。

就職留年生も多いだろう。彼らは就職留年であっても、就職希望者の数字からは除外されてしまう。さらには、5年生の彼らが満足のいく就職ができる保証はない。企業は「去年就職活動に失敗した落第生」という扱いをする。

残念ながら、新卒一括採用がなくならない以上、大学は就職率100パーセントを目指さざるを得ない。

しかし、新卒一括採用を完全にやめれば、より生存競争が激しくなることは確実だ。卒業後すぐに就職を希望しない学生、4年で卒業しない学生、中退した学生などは、よほど優秀でない限り、正社員になる可能性が大きく減ってしまう。

企業が求める能力を持っていない大学生

2011年10月5日、マイナビは、国内企業1757社を対象とした「2012年卒マイナビ新卒内定状況調査」の結果を発表したが、それによると、内定者に「質・量とも満足」とした企業は40・1パーセントと前年より6・2ポイント減少している。

マイナビでは「求人数の回復がみられた2012年卒採用だが、採用基準に達する学生に出会えず採用予定数の確保が難航しているとみられる」と分析している。

就職難の理由の一つは、企業が求める能力を学生が持たないまま、就職活動をしていることにある。

では、企業は大学生にどんな能力を期待しているのか。日本経済団体連合会（経団連）が2011年9月28日に発表した「新卒採用（2011年3月卒業者）に関するアンケート調査結果の概要」によると、企業が選考にあたって重視した点を25項目から五つ回答する設問では、「コミュニケーション能力」が8年連続で第1位となり、上位5位までの項目（コミュニケーション能力、主体性、協調性、チャレンジ精神、誠実性）も2010年3月卒採用の場合と同様の順位だった。

2011年3月卒採用の特徴として、「専門性」や「語学力」を重視する傾向が若干高まっているが、基本は「コミュニケーション能力」である。

つまり、企業はこう言っている。

「今時の若者は、コミュニケーション能力、主体性、協調性、チャレンジ精神、誠実性がない」

先日、ある団塊の世代の人と飲んでいたら、「俺の時代は、ガスが好きだからガス会社を受けました！　と元気良く言えば内定だったのに、今の学生はかわいそうだねえ」とまるで他人事のように言われた。

残念ながら、企業が大学生に求めるスペックが急激に上がってしまったのは否めない。

もちろん、高卒者の半分が大学に行く時代だから、大学生の平均水準が下がっているのも事実。こうした状況の中で、就職活動を勝ち抜いていかないといけないのだ。

さて、今時の若者は本当にコミュニケーション能力・主体性・協調性・チャレンジ精神・誠実性がないのか。これは絶対にそうだと筆者には断言できないが、そういう事例は聞く。

ある新聞記事で読んだが、今のマクドナルドの店員は、年配の女性が目立っているそうだ。若い人は時間を守らず、すぐ遅刻・早退・無断欠勤をし、責任を感じていないので、見た目が若いアルバイトを雇うよりも、年配の女性の方がメリットが大きいということらしい。

もっとひどい話もある。これは私がある大学の教員から直接聞いた話だ。

コンビニや居酒屋のアルバイトの採用面接で、中国人留学生に日本人大学生が負けてしまうのだという。その理由は、「日本人学生は言葉遣いや態度が悪く、時間を守らない」からだ。昨年も、飲食店のアルバイト店員がアイスクリームの冷蔵庫や食器洗い機にイタズラで入った写真をツイッターに掲載して騒動になった。

もちろん、「今時の若者」が全員そうだとは言わない。しかし、バイトの面接で中国人留学生に負ける学生というのは、企業が求めるコミュニケーション能力・主体性・協調性・チャレンジ精神・誠実性がない、あるいは低いとみなされても仕方がない。こうした三流大学生が、大量に無職になる社会が、すでに到来している。

立派な社会人になるための家族の心得「家中十策」

ある首都圏の最底辺の文系私立大学（偏差値40前後）が保護者に配っている、「立派な社会人になるための家族の心得　家中十策」を入手したので、ご紹介する。

一、朝・夕、家族と一緒にニュースを見る。
二、朝、皆で新聞を読む。
三、朝食は必ず一緒に食べる、できるだけ会話をする（コミュニケーションできない子どもが多すぎる）。
四、時間がある時に、東京に行く。就職活動で、初めて東京に行ったのでは、勝負に勝てない。
五、家に閉じこもらない、外に出る。
六、四則演算（足し算、引き算、掛け算、割り算）を完璧にする。素早く、間違いなくできるように。
七、英語を必ずやる。就職試験（ＳＰＩ）に出てくる程度の【単語・熟語・ことわざ】

は覚える。
八、繰り返し学習する力を身に付ける。電車の中は最適な学習の場である。
九、心を豊かにする。本を読む、映画を観る、ドラマを観る、絵を描く、人生を考える。
十、心が動かないと人間は成長しない（喜怒哀楽を大切に）。

なぜ大学生にもなって、親が大学にこんなことを言われないといけないのかと思われるだろう。

だが、この大学の先生いわく、「ウチの学生は、こうしたこともやらない子ばかりなんですよ」とのこと。

まず「一、朝・夕、家族と一緒にニュースを見る」。

今時の首都圏近郊大学の学生の大半は、親元から大学に電車通学している。家では食事も洗濯も母親に面倒を見てもらい、自分の部屋でゲーム三昧《ざんまい》だ。こうなると、与えられた授業をこなすために大学には行くものの、朝・夕に家族と無理に会う必要もない。午後から授業の日は昼まで寝ている。

インターネットを開いても、動画サイトや「2ちゃんねる」のまとめサイトで、自分の好きな記事や番組を見るだけ。新聞やニュースを見ないので、世の中の動きから疎くなる。当然、「二、朝、皆で新聞を読む」「三、朝食は必ず一緒に食べる、できるだけ会話をする」といった習慣もなくなる。

「四、時間がある時に、東京に行く。就職活動で、初めて東京に行ったのでは、勝負に勝てない」

驚くべきことに、この大学のキャンパスから都心までは電車で1時間ほどにもかかわらず、学生はほとんど遊びに行かない。

具体的な地域名は伏せるが、場所は、大宮とか船橋のような、東京近郊の衛星都市である。近隣の街の娯楽で十分に満たされてしまい、東京にはほとんど行かない。

こうした若者の「ローカル化」は地方でも顕著だ。全国どこでも地方都市にはマクドナルド、イオン、ユニクロ、しまむら、ネットカフェ、オートバックス、スーパー銭湯、ファミレス、TSUTAYA、回転ずしなどが国道沿いに並んでいる。わざわざ東京の都心に遊びに行く必要はない。

こうして、就職活動が始まるまで地元から出ないという恐るべき学生たちがいる。

「五、家に閉じこもらない、外に出る」。親元にいる学生の多くは、生活のために無理にアルバイトをする必要がなく、娯楽は家のテレビやパソコンや自分のスマホにいくらでもある。もはや大学に行く以外の日常はひきこもりやニートと変わらないのだ。こんな状態で企業は採用したいかどうか、考えるまでもない。

「六、四則演算（足し算、引き算、掛け算、割り算）を完璧にする。素早く、間違いなくできるように」。こうした大学の多くは、もはや一般入試で一定の学力のある受験生を獲得することが不可能になっており、ＡＯ・推薦入試で大半の学生を集めてくる。定員割れを防ぐために指定校推薦も乱発する。

こういう大学は、中堅以下の高校にいる勉強しない生徒や、一人でも多くとりあえずどこでもいいから近所の大学に入れておけば進路指導が終了する高校教員にとっては、ありがたい存在なのだ。

こうして両者の融通し合うような関係のもと、まったく勉強しない高校生が、まったく勉強しない大学に行く。ことは数学（算数？）だけではない。

「七、英語を必ずやる。就職試験（ＳＰＩ）に出てくる程度の【単語・熟語・ことわざ】は覚える」。これは、こうした中堅（およびそれ以下）の私大生が、ほとんど筆記試験で落とされることを意味している。

今までまったく勉強せずに大学まで来てしまい、大学時代は遊んでいたにもかかわらず、ネットで有名企業にエントリーできると、あたかも就職できるような幻想に陥るのだ。

なにせ彼らは進学校の生徒と違い、高校時代から学習習慣がない、自ら学ぶ経験がない。そこで「八、繰り返し学習する力を身に付ける。電車の中は最適な学習の場である」となる。電車の中ではスマホで遊んでいるからだ。本も読まない。だから「九、心を豊かにする。本を読む、映画を観る、ドラマを観る、絵を描く、人生を考える」「十、心が動かないと人間は成長しない（喜怒哀楽を大切に）」となる。受動的にゲームやスマホで遊んでいると、感情の起伏がなくなってきて、教員からこうやって指摘されることになる。

この大学では、教員は学生たちに、ただ授業をやるだけではなく、絶対就職するという強い意識を持たせることにしている。正社員とニート、フリーターの違いを強く認識させ、現実社会の厳しさを教える。

そのために、大学4年間の各学年で2回、教員と面談し、将来の目標、そのためにどう勉強するか、あるいは、先輩から就職体験を聞くといった対策を4年間みっちりやる。多くの大学ではキャリアセンターの職員がやる仕事を、この大学では専任教員が正課教育の中でやる。

それだけではない。就職サイトの活用法、業界研究、エントリーシートの書き方、履歴書の添削、SPI対策、会社訪問・面接対策、自己PR対策なども、教員が学生にみっちり教える。通常は就職担当職員の仕事だが、この大学では専任教員の仕事としている。自己分析、グループディスカッションから、エントリーシートの書き方、自己PR、面接まで、学科の教育の中で行い、インターンシップの初日には教員が企業に同行してあいさつまでする。大学が生き残りをかけて、あの手この手で努力していることがわかる。

ここまでしてあげても、この大学の卒業生の就職率は6割である。

理由は二つある。まず、学生よりも教員の方が就職活動に熱心であること。いくら大学側が学生を焚きつけても、プライベートでは学生は親元で寝ているだけだからだ。

次に、こうした文系私大の教育内容が、企業のニーズからズレていること。文学部でも経済学部でも法学部でも、高度成長期に正社員になれるためのレジャーランド大学の意識が抜けていない。先生たちがここまでしてくれるこの大学は、その点はかなりましとすらいえる。

この大学の紀要（論文集）に掲載された先生方の論文によると、学生は積極性に乏しく、受け身の学生が多いそうだ。大学入学時に一般常識程度（高卒程度）の国語・英語・数学・理科・社会の基礎学力テストをしているが、「惨憺《さんたん》たる結果」で、国語はさすがに100点満点で40点台後半だが、英語や数学は平均が20点台。この大学はＡＯ入試で45パーセント、指定校推薦で42パーセントが入学、つまり一般入試では13パーセントしか入学していない。

高校受験時ですら学力試験での受験者は65パーセント。自分の学力は中学レベルだと考えている学生が6割。ＳＰＩの計算や読み書きの小テストの結果は「絶句に値する結果」「惨憺たる結果」で、四則計算も2桁同士の乗除の計算も苦手、「慰める」が漢字で書けた学生が11パーセント……。

これが現実の下位大学の姿だ。就職できない学生が多いのも納得だろう。

下位校より中堅校の方が就職できない？

2012年11月30日。独立行政法人「労働政策研究・研修機構」のホームページに、同機構の堀有喜衣《ほりゆきえ》・副主任研究員が「日本の大学は多すぎるのか？」というコラムを書いていた。

堀氏は、大学の増加に伴って「学生の質の低下」や「未就職問題」が生じたという主張に対し、そうではないと反論する。大学が増えても、入試が機能していれば、質の高い学生しか大学に入らないのだから、学生の質は低下しないというのだ。しかし、現実には入試段階において学力を問わない入試が普及し、学力が低下したと認識される事態が起きた。だが氏は、それは重要だが一つの変数に過ぎないとしている。未就職についても、大学が多すぎることが学生の未就職に結び付いているのかどうかはわからない、と主張する。

同氏のコラムで参考になる重要な視点がある。それは、未就職は大学ランクの下位大学で主に生じているが、下位大学の中でも、比較的上位の大学（中堅校）ほど、景気が回復しても未就職率が改善しないというのだ。

「下位大学の上位校」が、アカデミックでもなければ職業教育に力を入れるわけでもなく、未就職率と深く関わっているという指摘は、なかなか鋭い。

これら中堅大学こそ、大学進学率が高かった時代と変わらない大学教育をし続けており、未就職者を生みだしている。大学が増加するにあたり、職業教育的な要素の強い大学が増えていれば、今ほど下位大学の未就職率は高くなかったかもしれないという。

同氏は、「大学が多すぎる」ということを議論の出発点とすることには問題がある、それは多方面にわたる実証を要するからである、と言う。

しかし、氏が主張するように、個人や社会にとっての大学教育の効用、知識社会化や労働市場からの需要などの論点を踏まえて、議論が活発化すれば、状況は改善するのかと言われると、私は疑問だ。だが、下位校よりも中堅校の方が、結果的に就職できない学生を生みだしているという指摘は、なかなか的確だと思う。

うまくいかないマンモス私立大学の就職支援

偏差値が50前後で、2万人規模の学生を抱える首都圏の某文系私立大学は、2012年3月の卒業生の就職率が58パーセントだった。スポーツが強く、長い伝統もあり、多くの人が大学の名前を知っている、それなりの有名私大である。だが、こうした大学の就職の実態は悲惨だ。

この大学は、高度成長期に急激に規模を拡大し、発展してきたが、今、そのひずみが随所に現れている。

その一つは、学生の人数を増やしすぎて、就職のサポートが行き届いていないことだ。

この大学は、一学年約4000人もの学生が就職活動をしているが、キャリアセンターの職員はわずか12人。これに非常勤のキャリアアドバイザーが加わるが、とても足りない。

大学側も、何もしていないわけではなく、1年生と3年生の時には、全学生の面談を実施する。それでも、呼び出して来る学生は65パーセントほど。キャリアセンターに来る学生も全体の45パーセントほどだが、他大学は30パーセント台の大学も多いのでこれでもまだましな方だ。

キャリアセンターに入ってきても、一言もしゃべらない学生。こちらから話しかけないと、5分でも10分でもボ〜ッと突っ立っている学生がよくいるという。

それでも、来るだけましかもしれない。同じ偏差値でも、小規模大学なら、教員が手取り足取り面倒を見てくれる（逆効果になる場合もあるが）。だが、学生数が多いマンモス私大では、どうしても、教員や職員の目が行き届かない。ある大学職員は言う。

「部活・サークル、ボランティア・アルバイト、インターンシップ、ゼミ。この四つが重要なのですが、どれにも『所属なし』の学生がいる。こうした学生は接点が取りにくく、SOSも出さない。学生が来るのを待つ姿勢から、来させる工夫をする『アウトリーチ』が必要になってきている。電話、メール、教員や保護者との連携にどう取り組むかだ」

偏差値50のこの大学の学生は、いちおう受験競争を経験している（といっても全体の半分だが）。

この大学に入ってくる学生のうち9割は、ここが第一志望ではない。1年生のモチベーションは総じて低いそうだ。一学年4000人を12人のキャリアセンターの職員で対応、しかも学生の就職先は全都道府県だ。

キャリアセンターが本格的に学生に関わるのは3年次からで、1、2年次は自由参加のガイダンスぐらいしかできない。だが、1、2年生のうちにはゼミもなく、学生たちはキャリアについて考える機会もなければ、深く学問を修めるわけでもなく、3年生に突入してしまう。しかも受け身な学生は、自己主張（ある意味、ワガママ）することにはこだわる傾向がある、とこの職員は言う。

「キャリアセンターで模擬面接をしたのですが、『自己PRをしてください』と言うと、学生は急にキレ始めたのです。『自己PRなんて、聞いてない！』と。『なぜ前もって言ってくれないのか！』と言うのです。

学内企業セミナーに、リクルートスーツ着用と案内していたにもかかわらず、私服で来た学生がいたので注意したところ、『(ポスターの) こんな小さい文字は見えなかった！』とキレられました。前もって案内しているのに、見えていないのです。そして、とにかく他人のせいにする」

親はどうだろうか。

「親御さんと話すと、『子どもと何も話せない、就職の話が聞けない』と言う。親も子と向き合っていない。なのに、『就職できないのは、大学が悪い』とおっしゃいます。とにかく他人のせい。親も子も、『君たちが悪い』と言われた経験がないのです」

学生は、すぐに正解を求める気質に加え、よく「しょうがないじゃん」と言うらしい。「しょうがないじゃん、何考えていいのかわかんないし」「しょうがないじゃん、俺らゆとりだし」と言う。

さらには、いわゆる女子の一般職のような企業に行きたがる、草食系男子の学生が現れた。

「お金も出世も興味がない。9時〜5時で働いて、自分の時間が欲しい」と言う。

だが就職サイトにそういう求人など、ほとんどない。

「今の子は、バブル後に親が苦労するのを見て、価値観が変わったのだと思います。45万人の大学生が就職活動をしているのに、大手就職サイトの求人はせいぜい1万社。今はハローワークにも新卒支援の窓口がありますし、多様な支援の場所がある。しかし、キャリアセンターの職員は忙しすぎて、外に出向いて学外にネットワークを作る時間がありません」。現場の職員は、必死に就職支援しても、なんだか、砂漠に水をまいているような気持ちになるという。

そもそも意欲のない学生をどう卒業させるか、就職に向かわせるかは、どこの大学でも重い課題だ。

親世代は信じられないだろうが、「就職課・キャリアセンターに行くのが怖い」と言う大学生がいる。彼らは気の合う友人とは楽しくしゃべれるが、年の離れた大人との付き合いが苦手。このままでは就職活動はおぼつかない。こういう学生には、「困った時は大人を頼っていい」というメッセージを送り、自発的な行動を促すべきだ。

まずは、キャリアセンターに足を運び、相談すること、大学主催の就職支援行事には必ず行くことだ。大阪学院大では、卒業生のリクルーター、ゼミごとの3年生のキャリア・リーダー、内定した4年生のキャリア・チューター、キャリアセンターと連携した教員キャリア・ティーチャーといった人たちが、就職を希望する学生をサポートしてくれる。一人で悩んでいるだけでは解決しない就職の問題を、こうして周囲の人と支え合い、助け合いながら、乗り越えていける。せっかく学費を払って大学に行ったのなら、利用しない手はない。

勤労意欲がなく、「内向き志向」の若者たち

ある偏差値60台の都内名門私立「A大学」の、就職ガイダンス配布資料にある一文を紹介する。

・なぜ、A大学ではOB・OG訪問を行わない学生が多いのか?
・なぜ、人事部長面接、最終面接を突破できない学生が多いのか?
・なぜ、A大生はマナーが良くないと企業に言われるのか?
・なぜ、A大生は学内企業研究セミナーに積極的に参加しないのか?

就職難のはずなのに、就職活動意欲のない大学生が多くいる。

実はこうした堕落は、高校時代から始まっている。今や大学生の半数は、推薦入試、AO入試など、学力試験を課さない入試で、どんどん大学に入っている。学力以外の視点で学生を選ぶこと自体を悪いと言うつもりはない。しかし、その結果起きていることは、勉強を嫌がり、早く大学に合格したいため、勉強しなくても入れるレベルの低い大学の「内定」を早く取りたがる高校生の出現だ。

推薦入試は一般入試より早く、秋には合格できる。受験勉強から早く逃れたいために、勉強する努力を放棄し、努力しなくても入れる大学に行ってしまうのだ。彼（彼女）らは、人生でまったく努力せず、壁を乗り越えた経験をしないまま、大学でも勉強せず、就職活動に突入する。結果は言わずもがなだ。

高校でも大学でも必死で勉強し、何かをつかんだ学生と、高校時代に大学受験で楽をし、そのまま大学卒業を迎えてしまう学生。この二極化が、現在の大学で起きていることだ。

さて、受験勉強で勝ち残って勝者となった学力の高い学生の内向き志向にも、目も当てられないものがある。すべての授業を英語で開講し、1年間の海外留学が必修の早稲田大学国際教養学部ですら、ある教員から私はこんな話を聞いた。

「学生は、外資系企業を希望するが、その東京支社だけで働きたがる」

耳を疑った。外資系企業にはかっこいいし英語も使えるので入社したいが、海外では勤務したくないというのだ。そんなワガママが通用するのか。

裏付けとなるデータがある。学校法人産業能率大学が新入社員を対象にアンケートを実施したところ、その多くが、海外では働きたくないと回答したのだ。

また、野村総合研究所が20～30代の若者を対象とし、２００８年8月に実施した「若者の生活意識に関するアンケート調査」においても、外国人の友人を持つことや、外国語で外国人とコミュニケーションを取ることに対しては比較的積極的である一方で、海外での就労に関しては受容性が低いことが明らかとなっている。

上昇志向が強い若者でさえ、海外に対する受容性が低いのだ。

今後、日本企業の戦略において、アジアや新興国への人材供給は重要な課題なのに、将来を担うべき学生側はこれらの国々における就労を望んでいないという実態が、実施した学生対象アンケート調査から見られる。むしろ、学生が働いてみたい国・地域として挙げるのは、未だに欧米諸国が中心だ。

有名大学に入っても、就職できないタイプとは

結局は、就職支援の取り組みも資格取得も、「自分から動き出さなければチャンスがない」のだ。

自分でキャリアセンターに行く、卒業生の話を聞く、就職関連の行事に参加する、資格試験の勉強室に所属する。就職のためには積極性が必要だが、それができない学生がたくさんいる。

「就職の明治」ですら、卒業後就職も進学もしない学生が、どの学部も数百人単位でいる。明治大学就職キャリア支援部の方の話によると、ダメなタイプの学生には以下の三つの要素があるという。

① 異なる世代・異なる価値観との接触が少ない。
② 「学生時代に力を注いだこと」があまりない（特にゼミ、アルバイト、サークル活動をしていない）。
③ 自身で問い続けて答えを出すのではなく、依存する傾向がある（「インターンシップって行った方がいいんですか？」「親が公務員がいいと言っていますがどうしたらいいですか？」などと発言）。

残念ながらこうした「動けない」学生に対し、社会や仕事とどのように関わって生きていくのかを考えさせる場はない。なぜなら、彼らはアルバイトもサークルもゼミもやらないし、自発的にキャリア支援室にも来ないからだ。

こうして、大学時代に何もしなかった学生が、就職できない学生になっていく。

高校まで順調だったわが子を見て、親は「ウチの子は名門高校から名門大学に入ったのに、なぜ就職できないの？」となるが、実は大学生活そのものに問題があるのだ。

第2章 三流大学から一流企業に就職した学生たち

三流大学から一流企業に入る条件

『〈就活〉廃止論』（ＰＨＰ新書）などの著書がある株式会社ジョブウェブの佐藤孝治《こうじ》代表取締役会長は、「三流大学から一流企業を目指す学生」へのアドバイスとして三つを挙げている。

一つ目は、まったく人と違った動きをして、埋もれないこと。

大学のラベル以外の、私にはこんな能力があります、というレッテルを、自分にたくさん付けること。英語の点数を上げること、ＩＴ系の資格を取ること。留学の場合は、留学先の大学は、本当の難関校であること。「自分には、こんな能力があります」といえるものを作ること。

宣伝会議のコピーライター養成講座に通っても良い。ＡＣジャパンＣＭ学生賞グランプリを取ったとか、ＪＦＮ学生ラジオＣＭコンテスト最優秀賞を取ったといった実績を作っても良い。そういう学生なら大学名で落とされない。社会的にマーキングされるようなラベルを貼り付けることだ。大量の学生が応募してくる中で、「なんだこの学生は、すごい」と採用担当者に思わせる何かがあれば、フィルターをかいくぐれるだろう。

二つ目は、企業の中の人と直接つながることだ。

たとえば、OB・OG訪問をする、インターンシップに参加する、社会人も参加するような講座に参加してみる、などである。

遠慮してはいけない。「どうせ自分は〇〇大学だからダメだ」と思ってはいけない。あきらめずに、動いてしまえばいい。社会人と仲良くなるべきだ。

コネはずるい？　けしからん？　何を言っているのか。新たな人とつながり、知り合いを作る、キーパーソンと知り合うのは、営業の世界でも、取材の世界でも当たり前だ。誰かが自分のことを気にしてくれる、応援される存在になれば、その他大勢の学生としてはじかれる可能性は減る。

特に、インターンシップは重要だ。企業は実際に働かせてみて、結果が出せるかどうかを見ている。大人から見て「この子はいいね」と思わせること、学生のうちに企業・業界の中の人とつながっていることだ。

三つ目は、上位校の学生とガンガン友達になることだ。

偏差値の高い大学の学生は、確かに優秀だ。グループディスカッションをすると気圧《けお》されて落ち込んでしまうこともあるだろう。だが、そこであきらめずに食らい付いていけるかどうか。コミュニケーション能力や思考力は、優秀な学生の振る舞いを見て、彼らに合わせる。

有名大生は遠い存在じゃない、別の生き物でもない。とはいえ、すごい。それを身近にいて感じることだ。

なぜ慶應生は内定が出るのか。そういう人たちには、学生時代から、彼らだけが誘われている場がある。その「サロン」に入ることだ。

ジョブウェブには有名大学の学生が集まっているが、逆転しようとする中堅大生もやってくる。そういう学生は「私なんて」と卑下しない。前のめりで、気にせずガンガンいく。セルフイメージを意識の高い学生たちに合わせている。だが、そういう学生は、筆記試験対策は無茶苦茶にやった方がいい。筆記試験は勉強すれば結果が出る世界だ。浪人生は1年ですごく伸びるがそれと同じだ。1年間は筆記試験対策をした方が良い。大学受験で学力を課されていない推薦・AO合格者なら、なおさらだ。

佐藤会長いわく、企業が見ているのは、情報処理能力、学習する力、締め切りまでにやり切る力、コツコツ継続的に努力する力、だ。

さらに、ケアレスミスをしないこと。これは、世の中のビジネスパーソンに求められる力だ。受験の時に求められる力と同じなのだ。筆記試験は、そういう本当の学力を見ている。

２０１４年現在の企業の採用意欲は高い。しかし、トップクラスに入らない、ミドルゾーンの学生たちは、もう少しのところで、就職が決まらない。

その理由は、まず「気持ちが弱い」こと。覚悟が決まっていないのだ。その会社にどうしても入りたいというエネルギーが足りない。

最終面接は入りたいという気持ち、気合の勝負だ。これが役員に伝わらなければ「今一歩、決め手に欠ける」と判断される。第一志望以外の企業になると気合が足らない学生が多い。入る気持ちがなければ落とされてしまう。

ここからは、実際に三流大学から一流企業の内定を勝ち取った若者たちの体験談から、彼らの就職術を紹介していこう。

1　有名大学の学生と友達になる

私は日本中の大学を取材しているが、ほとんどの大学生は、他の大学の実情を知らない。

早稲田や慶應ならそれでもいいだろうが、三流大学の常識が世の中の標準だと思っていると、就職活動で有名大生に初めて出会った時に衝撃を受けることになる。

まず、やっておくべきことは、大学時代のうちに、自分より有名な大学の学生と出会っておくことだ。彼らのすごさを早いうちに学んでおけば、対策が立てられる。

大手電機メーカーで入社2年目の若手社員として、法人営業を担当しているのが、東洋大学経済学部出身の田中君（仮名）だ。

東洋大学を含む、いわゆる日東駒専（日本、東洋、駒澤、専修）と呼ばれる大学グループは、それなりに伝統も知名度もあるにもかかわらず、G-MARCH（学習院、明治、青山学院、立教、中央、法政）に比べると、一段下の扱いを受けている。有名企業から、大学名で切られる代表的存在、という面白くない評価も聞く。

特に東洋大学は、圧倒的に学生数や卒業生数が多い日大や、就職支援に非常に熱心な専修大学などに比べ、どこかのんびりしており、就職市場においてパンチの効いた大学とは、残念ながらみなされていない。

そんな東洋大学の中で、田中君は、例外的に熱いタイプの学生だった。同じ大学内で、就職がうまくいく学生と、そうではない学生の極端な二極化が進む中、田中君のような事例は多くの人の参考になるだろう。

１９８８年（昭和63年）生まれの田中君は、埼玉県立の進学校を卒業。受験生の時は明治大学を第一志望にしたが果たせず、一般入試で東洋大学経済学部に入学した。

「中途半端にしか受験勉強をしていなかったという反省はありました。それにしても、入った大学は物足りなかった」

しかし田中君は「大学の名前よりも、入ってから自分が何をするかだ」と前向きに考えることにする。しかし、そんな彼も心配なことが一つあった。それは、東洋大学に集まる学生の「質」だ。

偏差値で輪切りにされた大学生たちは、驚くほど、同じような質の学生が、大学に集まってくる。最近は年配の方から、「早稲田も慶應も、学生があまり変わらないねえ（早稲田の方がハズレは多い）」と言われるが、それは、同じぐらいの学力の学生ばかりが集まっているからで、脳みその水準がだいたい同質な集団なのだ。

ちなみに慶應の学生数が２万９０００人に対し、早稲田は４万５０００人で、人数が多い分ハズレの学生も多いという説もある。そんなわけで、東洋大学あたりになると、早慶上智、G-MARCHに次ぐ、三番手の学生ばかりが集まってくる。

そうなると、就職活動などでも、「上」の情報が入ってこない。田中君はそれを心配した。

「やっぱり、大学で出会った人のうち、本当に面白いのは数人だった」

しかし、たとえ数人でも、そういう学生に出会えた彼は幸運だった。

「受験でコンプレックスがある分、エネルギーは強い。下から上に這《は》い上がろうとする力がある。そういうやつらは面白かった」

そういう限られた優秀な学生とつるむことが、自分を向上させるきっかけになる。

さらに田中君は、インターンシップで、有名大生と出会ったのも良かったという。

「メーカーの文系学生対象のインターンでしたが、期待通りでした。大学は早稲田、慶應、東大など。東洋大の同級生たちは、まったくと言っていいほど、インターンをやりません。大学3年生の夏というと、サークル活動も面白いし、旅行もしたいのでしょう。それはわかります。しかし、インターンで出会った有名大生たちは、みな人を惹きつける魅力があった。なぜか、人の懐《ふところ》に入ってくるのがうまいのです」

コミュニケーション能力と言ってしまえばそれまでだが、たとえば、初対面の人間と話して、共通の話題を見つけて共感できる。相手を褒める。有名大生には、なぜかこうした能力があった。

さらに、インターンで出会った有名大生たちは、何か面白いイベントなどがあると、すぐに動く行動力、フットワークの軽さがあった。呼べばすぐに来るのである。

これは私も経験がある。ある大企業の社長が大学で講演するというので、早稲田の学生と、東洋大の学生の二人に声をかけたところ、東洋大の学生は「バイトがあるから」と言って参加を断ってきた。早稲田の学生は「バイトのシフトを変えてもらいました」と言って講演に来て、その社長ともサシで話すことができた。この差はあまりにも大きい。

「彼らを見ていて感じたのは、『動いたら、何かあるかな？』といつも考えていることです。小さい会社にたくさん行ってみるとか、とにかく行動力とチャレンジ精神がありました」

動いてみる。そうすることで、出会いや気付きがある。そして、出会った優秀な学生同士は、自然につながっていく。田中君は今でも、様々な企業に就職していったインターン仲間とは、付き合いがあるという。

2　他人と違うことをやる

誰でもやっているようなアルバイトやサークルは、企業に対する売りにならない。

前述の東洋大学の田中君は、大学生活を充実させるべく、フットサルや軽音部など四つのサークルに入り、アルバイトでは塾講師や居酒屋で働いたりしたが、大学2年生の時、ふと気が付いた。

自分は特別なことをしていない。これはマズイな、と。

そこで、今までのバイトやサークル活動を縮小し、新たな経験をするべく探してきたのが、某野球場でのビールの売り子の管理だった。

ここでは大手4社のビール会社が、それぞれ100人の売り子を抱えており、その人数は400人にもなる。それを10人のスタッフが統括・管理しているのだが、一人を除く9人はアルバイトだった。

「100人×4社＝400人の女性の仕事を管理するのは大変です。ビールの売り上げを上げるために、どうやって人員を配置するか、どのビールをどこに出すか、などを考えました」

確かにアルバイトとしてはユニークな仕事だ。マネジメントを学ぶ経験にもなるし、売り上げをアップする工夫はビジネスに通じる。

さて、多くの大学生は、これで満足してしまうに違いない。「人と違うバイトで、マネジメントを学んだ経験は、企業にPRできるだろう」と。

だが、そんなものは企業人事から見たら付け焼刃だ。学生バイトのマネジメントなどたかが知れていると思われても仕方がない。

しかし、田中君はここからが違った。バイト経験を生かし、3年生の夏休みに企業インターンシップに参加したのだ。さらに、田中君は大学1年生の時から、バックパッカーで世界を旅行していた。

「1年生の夏に、大学の主催するイギリス短期留学に1カ月半行っていました。そこで海外の楽しさを知り、回数を稼ごうと思って、長期休暇のたびに、バイトをうまく調整して、ヨーロッパやアジア諸国を回りました。海外旅行での経験の話はいくらでもできます」

行った国では、フィリピン、インドネシア、インド、トルコ、モロッコなどが印象深かったという。どこも近年経済発展著しい新興国だ。

田中君いわく、これらの国々は、日本とは人のエネルギーが全然違う。同じ大学生と触れ合っても、学生はみんな熱を帯びている。

「特に、新興国の大学生と会話をするべきです。『経済的に豊かになりたい』『家族を養いたい』なんて言う日本人大学生はいないが、彼らは必死です。そしてそうやって何にでも興味を持って海外に飛び出すことで、『運《うん》』と『縁《えん》』をつかんでほしい」

これも、普通の大学生は、「世界一周しました」みたいな自慢話にしがちだ。しかし、もはやそんな学生は珍しくもなんともない。海外旅行の話しか自慢できない大学生など、ただの勉強していない旅行好き、と採用担当者には思われかねない。それだけではダメだ。

フェリス女学院大学文学部から、大手通信事業者に就職した佐々木さん（仮名）は、中国のトップ大学である、清華大学に2週間の短期留学をした。

これだけではPRとしては弱い。だが、佐々木さんは9月の夏休みが終わって帰国した後、インターンシップで得た収入の20万円を生かして、テレビ局が主催するアナウンススクールに通い始める。

費用は3カ月で10万円ほどのコースだった。10月から12月まで、週1回、土曜日に90分だけの基礎講座だったが、テレビ局のアナウンサーが実際に来て、発音や発表などを指導してくれる。

彼女はこのアナウンススクールを終えていきなり、そのテレビ局の2分間のショートニュース番組のキャスターになった。「運が良かっただけですよ」と佐々木さんは言うが、彼女は大学2年生の3月から、4年生の5月まで、ニュースキャスターを務めた。

アナウンススクールを終える時、アナウンス学校の校長から彼女に電話があった。アナウンサーのオーディションに出てみないか、というものだった。

アナウンススクールに入った学生の中でも、声をかけられる学生は限られている。彼女は選ばれたのだ。

今度は、オーディションに出るための研修が始まった。無料で1カ月。週2〜3回、アナウンス学校に通い、ニュースや原稿を読む練習を繰り返す。オーディションは、2分間のニュースを読むのと、1分間の自己PRだったが、「緊張しすぎて何も覚えていない。もう二度とやりたくない」と佐々木さんは振り返る。

合格するのは、5人中3人。まず二人の名前が呼ばれる。佐々木さんは「落ちたな」と思った。しかし最後に、「ギリギリで合格」と言われ、肩の力が抜ける。

「自分の人生は、『どこに行くのかわからない』と思いました」

こうして、2年生の3月から4年生の5月まで、佐々木さんはニュースキャスターになった。

週2日、2分間の生放送で、二つのニュースを読む。大事件などがあると急にニュースは差し替えになり、練習する時間もほとんど与えられない。2分間の番組とはいえ、スタジオ入りは2時間前。メイクはスタイリストさんにしてもらえるが、衣装は自分持ちでお金がかかる……など、キャスターと学生の両立生活は大変だった。

大学4年生の春までニュースキャスターを続けていた佐々木さんだったが、就職活動は3年生の12月からスタートした。本気でアナウンサーになるかどうか迷っていた佐々木さんは、アナウンサー半分、一般企業半分で就職活動を開始。

「アナウンサーは、校長先生に励まされたりして、意地で受けていた部分もあったと思います。先輩はプロのアナウンサーになっているし」

でも彼女の中では、自分は本当にアナウンサーになりたいのかどうか、深い葛藤があった。テレビ局の採用は早い。1月にはエントリーシート提出、2月には面接が重なった。

「九州や中国地方など、地方局のアナウンサーも片っ端から受けました」

エントリーしたテレビ局は20社、うち4月前に面接があった7社を受けた。ある地方局は最終面接一歩手前まで行ったが、在京キー局は二次面接までで全滅。出身アナウンス学校のテレビ局も甘くはなかった。

「どうしてもアナウンサーになりたいという熱意が足りなかったんだと思います。キャスターをしてみたい、その夢の一部は実現しましたが、なぜキャスターになりたいのかは自分でもはっきりしていなかった。これじゃ、ダメですね」

佐々木さんはアナウンサー志望から方針転換して、大手通信事業者に内定した。アナウンサーを目指して努力した経験は無駄ではなかった、と彼女は言う。

3　インターンシップに参加する

大学生には、ぜひインターンシップへの参加をお勧めしたい。

前述の東洋大学の田中君は「就職活動のリハーサルをしようと考えました。僕らみたいな一流ではない大学の学生は、インターンシップをして学んでおかないと、厳しいと思った」と言う。

この時点で、田中君は多くの大学生とは違う。多くの大学生は、インターンシップやOB訪問をまったくしないで、ネットでのバーチャルな就職活動に突入してしまう。

そうした消極的な大学生を理解できないと言う人もいるだろうが、彼らはそもそも、積極的に就職したいとは思っていないのである。どこまでも受け身で、受動的で、みんなが就職活動をするから、仕方なくやっているだけなのだ。だから、必要最小限の行動で結果を出そうとする。そこで、ネットだけの就職活動に頼り、自滅する。

田中君は、就職活動の前哨戦として、さらには、情報を入手するため、インターンシップを決意した。

経済学部生の場合、銀行や証券会社など、金融関係を志望することが多い。しかし田中君は、目に見えないものを扱う金融よりも、目に見える製品に関心があり、そうしたモノに対する興味から、早い段階でメーカーに絞り込んだ。

「新しい製品が世の中を変えていく。そんな生活の変化に関われる楽しさを味わいたいと思った」

さっそく、リクナビ、マイナビなどの就職サイトで、インターンシップに100社ほどエントリー。

まずこの段階で普通の大学生と大きく違うのは、普通の大学生は3年生の終わりに、就職活動が開始ですと言われてからようやくこれらのサイトを見るということだ。すでにスタートラインから大きく差が付いていることがわかるだろう。

インターンシップのネットエントリーも選考があり、企業側からオファーが来たり、ネットではなく紙のエントリーシートを提出するなどして、結局、田中君は3年生の夏休みは7社もの企業でインターンシップをすることになった。

最も長い3週間のインターンシップを経験したのは、繊維複合材料で知られる大手繊維メーカー。エントリーシートと1対1の面接で選ばれた25人の学生がインターンに採用され、5人ずつ5グループになり、企業側の出した課題にグループで取り組んで発表するなどした。「新しい技術を見せられて、『これをどう使って世の中を変化させていくか』などのテーマを与えられ、他大学の学生たちと取り組みました」

2社目は大手電池メーカーで、こちらは1週間。仲間は30人で、同じように6人×5グループで課題に取り組んだ。残る5社は1日だけのインターンシップという軽めのものだったが、食品、製薬、商社、事務機器メーカー、機械メーカーと多彩な企業だ。

こうして、充実したインターンで3年生の夏は終了した。いよいよ10月からはリクナビで就職活動がスタート。企業説明会などに参加していった。

インターンの結果、「やっぱり自分はメーカーがいいな」と、田中君の信念は確固たるものになった。モノを介して、目に見えるモノが、ブランドとして世の中に出ていく。それが生活やライフスタイルを変えていく。社会に良い影響を与える。自分は、銀行や商社ではそういうやりがいを感じない。ここまで自分のやりたいことが見えてきて、業種も絞り込まれ、志望動機もしっかりしていれば、もう大丈夫だ。自然にバンド活動やフットサルからは足が遠のいていった。うまく卒業できたのだ。野球場のバイトで400人もの女性スタッフを管理したことは、化粧品業界を受ける時に、ビューティーアドバイザーの女性たちをどう管理するかという話で面接官と盛り上がった。

前述のフェリス女学院大学文学部コミュニケーション学科から、大手通信事業者の総合職に内定した佐々木さんは、放送研究会に入会し、レストランでアルバイトをするなど、普通の学生生活を送っていた。そんな彼女を変えたのは、実践型インターンシップ。社会起業・起業支援などをしているNPO法人ETIC.（エティック）のインターンシップ説明会に参加。2日間で様々な企業ブースを回り、ある起業家支援をする会社で、2年生の2月から8月まで、学業と両立しながら約7カ月のインターンシップをすることになった。仕事内容は、その企業が運営するサイトに載せる会社の社長たちへのインタビューだ。

「将来、マスコミの仕事に関わりたいと思っていたのと、放送研究会でも地元の横須賀の人にインタビューするコミュニティFMの番組に関わっていたので、役に立つと思って」

こうして佐々木さんは、2月、3月は月曜日から金曜日まで毎日、授業が始まった4月以降は不定期に週2日ほど、企業の社長へのインタビュー取材をすることになった。すでに両立が難しいアルバイトは辞めていた。

社長インタビューに際し、会社はお膳立てしてくれない。アポも自分で取り、誰にインタビューするのかも自分で決める。

インターン生はもう一人いたが、別行動なので、ほとんど自分一人でやった。社長インタビューを録音し、家で原稿を書き起こす。インターンの間の給与は、交通費を含めて月5万円ほど。ここで佐々木さんは半年で30人ほどの社長に会った。

「生まれて初めて、いろんな人に会ったと感じました。小学校から中学、高校、大学と、私は学生にしか出会っていなかった。同級生としか会っていなかった。月並みな表現ですが、視野が開けたと思います」

社長インタビューで得たことは、人によって様々な異なる価値観や考え方があるということ。インタビューをする時は、そのことに夢中で、あまり将来の役に立つとかは考えなかったという。

「とにかく目の前の仕事をやるので一生懸命でした」。インタビュー記事の作成で重要なことは、自分の考えを入れるのではなく、取材者の価値観を表現できているかどうかだ、ということも学んだ。

佐々木さんの大学3年生の夏休みも、企業インターン一色だった。8月だけで、なんと4社。内定先の大手通信事業者、テレビ局、新聞社、マーケティングベンチャー、それぞれ約1週間ずつ。キャスター業務も続けていたので、やりくりが大変だった。どうして、大学3年生の夏にそんなにがんばったのか。

「不安だったんです。就職活動は否応なしにやってくる。何の準備もしなくていいのかと」

フェリスの友達は、あまりインターンシップをしなかった。

「意味ないじゃんって言うんですよ。選考に関係ないしって。でも、私は、行ってみないとわからないじゃん、と思っていました。行かない人は、別に理由があったというよりも、なんとなく行かないという感じでしたね」

ETIC．で出会った友達は早期からインターンをしていた。友達の質が違うのだ。ここが運命の大きな分かれ目だった。

「ETIC．で出会った友達は、就活のためというより、自己成長のためにインターンをしていました。でも、大学の友達は、夏休みはバイト中心の人も多くて、そっちに引っ張られちゃっているなとは思いました」

彼女が今、自分の歩みを振り返って思うのは、「考える時間が多かった」ことだ。一見、とても忙しそうな彼女だが、実は仕事には波があった。

アルバイトは1年生のレストラン以降はしていない。社長取材のインターンも2年生の前半だけ。放送研究会の活動は月1回。キャスターも週2回。そして、それぞれの活動の間に、わりと長いブランクがあった。

「夏休みも、後半の1カ月は、別にこれといって何もしていないという時期もありました。でも、こうした時期に、自分の将来をどうしようかとか、本を読んだり、ゆっくりと考える時間がありました。必要な時間だったと思います」

インターンに行かなければ、内定先の志望動機は書けなかったという佐々木さん。多くの学生が、どうして、入りたい会社のインターンをしないのか、不思議で仕方がないという。

4　志望企業に実際に行ってみる

就職活動で重要なのは、「企業研究」と「自己分析」だと言われるが、東洋大学から大手電機メーカーに就職した田中君は、3年生の夏でこれがしっかりできていた。

彼は、一般には文系学生があまり志望しない、B to Bの製造業、複数社でインターンした。なぜなのか。

田中君は、多くの大学生が興味を持つB to C企業よりも、B to B企業の方が面白いという。

「僕はモノが好きなので、たとえばメーカーなら、その素材によってどう世の中が変わり、暮らしが便利になるかに興味があるんです。加えて、B to B企業の方が、法人を相手にする分、大きなビジネスができる。なおかつ、法人は消費者よりも合理的に動く。そこに面白さを感じます。たとえばユニクロに入社しても、服を素材から作るわけではありませんよね。僕は素材からアプローチしたいと考えました。そういう社会人の方に事前に会って、話を聞いていたことも大きかった」

彼は大学生の早い段階から、様々な団体が開催するセミナーなどに参加し、社会人と会っていく中で、大学生では普通はわからない産業の話などにも詳しくなっていった。

様々な業種の社会人と大学生をつなぐ活動をしている人を介して、田中君は企業人や他大学の学生と交流を深めていった。当時はmixi全盛期だったが、SNSなどは使わず、人のつながりを作っていった。

田中君がインターンをした大手電池メーカーは、彼が大学3年だった当時、業績が絶好調だった。そこで、もともとは興味のない業界だったが、関心が湧いてインターンシップに参加。社員には、こうしたメーカーはどんな営業をしているのかを聞いた。「安定したメーカーの営業は上から目線なのかと思って、そのあたりを率直に聞いたり、営業はつらいのかと聞いたりしました」

新幹線に乗ってその企業の本社まで行き、工場見学や資料館を見学する。「就活生だと言うと、意外とみなさん親切にしてくださって、普段は聞けないような会社の仕事の話などもしてくれました」。志望企業の工場見学や、企業の博物館、歴史資料館をわざわざ新幹線に乗って見に行く大学生は、ほとんどいないと言っていいだろう。テレビのCMだけで知っている有名な会社に、ネットでエントリーするだけの学生が勝てないのは当然だ。

インターンシップへの参加や、OB・OG訪問、社会人と接する機会を作ること、志望業界の人に会うことなど、すべては、自分の志望業界、志望企業を深く知るための努力である。こうした努力なしに、内定は得られない。

「内定はゴールじゃない。僕にとって就活は人との出会いを楽しむ場であり、それは今も継続中です。思い出せば、就活中の学生というだけで、随分いろいろな人に会えた。『旅が人生を作る』という言葉があるけれど、それに加えて僕の場合は、就活は『自分の仕事を作る旅』だったと思います」と田中君は振り返る。

5　社会人と接する機会を作る

大学生の人間関係は狭い。

親・家族、大学教員（しかも大学生は交流が薄い場合がほとんど）、友達、バイト先の店長ぐらいだ。これでは、就職先を探すのに、あまりに視野が狭いと言わざるを得ない。

もちろん、就職したい企業に知り合いもいない。

前述の東洋大学の田中君はインターンで業種や企業の目星は付けたので、次は情報収集に力を入れた。人脈を駆使して、人づてに志望業界の人を紹介してもらい、あるいは志望企業の社員に次々と会って、話を聞いていった。

「企業説明会と、プライベートで社員から話を聞くのとでは、入ってくる情報の質が全然違います。なんで大学生はみんなこれをやらないんでしょうね。会社の内情や、どんな人材が伸びるかなどを聞けるのに。説明会に来る若手の人事担当者は、会社の宣伝しかしないですよ」

大規模な就職フェアはあまり意味がない、と田中君は言う。

ただし、例外がある。夕方5時にわざと行くのだ。就職フェアはほとんどが6時で終わる。そのころになると学生はもうイヤになって帰ってしまうので、会場はスカスカだ。しかし企業はお金を出して出展しているし、終わりの時間までは帰れない。疲れてぐったりしている時間帯だ。

そこに現れて、元気良くあいさつをする。すると、「あれ、元気な学生がいるぞ」と思われ、企業側も興味を持って、わりと話を聞いてもらえる。学生が来なくてヒマそうにしている中小企業のブースなどに行っても歓迎されて、じっくり話ができる。

クリックだけで済む、ネットの就職活動は、200〜300社もエントリーしたという。このうち、本格的に選考に進んだ会社は約50社で、紙のエントリーシートや履歴書を提出したのはそのうちの半分ぐらい。一次選考まで行ったのは約20社。

「グループディスカッションや集団面接は、自分は負けないな、と思っていた。自分の経験の深いところは突っ込まれないので、話のネタの持つインパクトで通る。採用側から見てバツがなければ、次までは進める」

ここまで冷静に分析して一次選考を迎える大学生は、なかなかいない。あとは行動力をアピール。「御社の〇〇工場を見学し、××の製造設備を見ました」、あるいは、創業地がどんな街なのか実際に行って調べた、などとアピール。ここからが就活だ、と田中君は言う。これだけの準備をして、初めて企業側に相手にされる。

二次面接、三次面接と進んでいくにつれて、細かく突っ込まれることも増えていく。ここで田中君の取った対策は、社会人に模擬面接をしてもらうこと。その企業や業界を知っている人を探し、面接をしてもらうと、「その言い方は、こう変えた方がいいよ」などと具体的なアドバイスをしてもらえる。こうして面接対策をして臨んだ会社は10社。志望度が高い会社は特に念入りに情報収集し、業界人から模擬面接をしてもらった。

大学のキャリアセンターは、企業人に比べれば情報が古く、職員は特定の業界の話はわからない。しかし、インターンシップの時にはエントリーシートのチェックをしてもらった。

結果的に田中君は、メーカー3社から内定を獲得した。そして、会社の規模の大きさや、扱っている製品の面白さなどを総合的に勘案して、現在の会社を選んだ。おおむね順調な就職活動だったといえるだろう。

大学のキャリアセンターは、まったく役に立たなかったわけではなく、内定企業の卒業生を紹介してくれた点は大きかったという。

「職場や仕事の話を聞いて、面白そうだなあと関心を持ったし、勉強になった。僕は最終的に企業の規模の大きさで今の会社を選んだのですが、それは歴史があること、大規模なプロジェクトに関われる裁量の大きさ、自分で動かせる金額の大きさなど。大きな仕事をやる実感が伝わってきました」

6　大学の教職員を使い倒す

多くの学生は、大学の教員や職員と、深い人的交流をしない。これももったいない話である。

大学のキャリアセンターの紹介で、様々なメーカーのOB3、4人には会ったと東洋大学の田中君は言う。

ほとんどの大学生はキャリアセンターを使わず、結果の出ないネットだけの就活で、やった気になっている。それにしても、中堅大学の多くの学生は、本当にOB訪問をやらない。田中君は言う。

「無駄にプライドが高いんですよ。特に男子は。スーツで行くので堅苦しいからイヤだとか言い始める。女子の方が元気ですね。グループディスカッションでも女子の方がずっと活発でした。男子のプライドの高さは行動力のなさにつながっている気がします。それに、男性は女性に比べ、短時間でのアピールが苦手な人が多かった」

田中君のメーカーも、確実に女子社員が増えており、田中君の部署も女性が3、4割。

外国人社員も2割近くになっているという。海外に行く機会は多いので、田中君は自分で英会話の勉強をしており、会社でも英語の研修などが行われている。

田中君は内定後に東洋大学のキャリアセンターで3年生のための就活アドバイザーをしていたが、彼らには共通点があった。

・向上心がある
・漠然とした不安を持っている
・自分が具体的に何をしたいかがわからない
・仕事のイメージが湧かない
・テレビCMの企業イメージしか持っていない

それでも、キャリアセンターに来て、そうやって先輩に悩みを吐露できるだけでも、何もできない多くの学生よりましなのだ。

国士舘大学から大手化粧品メーカーの資生堂に内定した竹岡健一君は、大学3年生から日本法制史のゼミに入り、４年生では卒業論文も書いた。

「公事方御定書《くじかたおさだめがき》って知ってますか？　八代将軍、徳川吉宗の時代の法令なんですが、これを読んでいると、当時の人間の思想や考え方が、法律に反映されていて、とても面白いんです。たとえば密通について。現代と比較すると、刑罰の男尊女卑が強く、支配者層がどう考えていたかがわかります。あと、家では主人が偉いなど上下関係が厳しい点とか。男女関係でも、権利の違いなどが大きい」

このゼミは、なんと教員と竹岡君の二人だけだった。他の学生は興味を示さなかったらしい。

しかし竹岡君は、友達にはこだわらず、大事なことは自分一人で決めるのを信条にしていたので、一人だけのゼミでも何の問題もなかった。

就活では、日本法制史のゼミと卒論を書いていることをＰＲした。ここできちんと勉強の話ができるところが、スポーツやバイトだけの学生との大きな違いだ。

自分は興味があって面白いことは生き生きとできること。研究にはつらいこともあるが、それを乗り越える経験をしたこと。スポーツマンだが、勉強できちんと何かを克服した経験を持っていること。論文のために情報を整理したり、本を読むことは、つらいこともある。だが、それが楽しい、とアピールした。

竹岡君も、大学のキャリアセンターには、頻繁に足を運び、面倒見が良さそうな人、信じられる人を探したという。そうして出会った職員に、エントリーシートをチェックしてもらったり、話を聞いてもらったという。途中経過を報告したり、2泊3日の面接合宿にも参加した。仲良くなった職員に、食事をおごってもらったこともある。

ただし、竹岡君は、職員による模擬面接はしなかった。「実践あるのみ」と考えたからだという。それもまた、人それぞれだ。

前述の佐々木さんもやはり、大学のキャリアセンターは「めちゃくちゃ利用した」そうだ。

模擬面接をしてもらったり、エントリーシートをチェックしてもらったり。キャリアセンターに足を運ばない学生は、恥ずかしいと思っている。みんなが使わないから、自分も使わない、と。そして、ネットエントリーや合同就職説明会だけで、就活をする。でもそれは、みんなと同じことをしているだけ。

それよりも、礼儀やマナーを守る、キャリアセンターにきちんと行くなど、当たり前のことを、確実にこなすことが大事だ。

7　場数を踏む

国士舘大学から資生堂に入った竹岡君は、「場数を踏む」ことも意識したという。

竹岡君は、体育会テニス部は大学4年間続け、団体で全国64位まで行った。全国大会では自分よりずっとうまい連中とのレベルの差を痛感し、挫折も経験した。だがそれ以上に、彼らとテニスを続けることが楽しいと思えたことが、竹岡君がテニスを投げ出さなかった理由だった。

彼が賢いのは、まずは11月から中小企業を受けまくったこと。3年生の秋からこっそり採用を始めている会社は、実はわりとある。彼は某コーヒーショップチェーンから12月末には初めての内定を得ていた。

「まずは場数を踏んでおこうと思い、リクナビ、マイナビを見て、傾向を知りました」

最初に内定したコーヒーショップでは、エントリーシート提出→集団面接とグループワーク→個人面接3回→役員面接と進んだが、彼はここでまず、就活の流れを体で体験しておこうとした。

就職のハウツー本を読むのは好きじゃなかった。実体験した方が早い、と彼は言う。それに、正直、たいして企業研究はしていなかった。履歴書の書き方の練習とか、どういう連絡の仕方をすればいいかなど、基本的なことだけだったという。

竹岡君も、最初からうまくいっていたわけではない。最初は一社一社受けていって、できなかったところは反省し、ダメだったところを一つ一つ潰す。そして改善していく。

さらに、とにかく数を打つ。ネットでエントリーしたのは１５０社。そのうち、正式に入社試験を受けたといえるエントリーをしたのが約30社。これは紙やネットでエントリーシートを出した。

主に化粧品メーカーや住宅メーカー、さらに、銀行や専門商社、総合商社、大手から中小まで、とにかくいろんな会社を受けた。業界・業種などは絞り込まず、数を稼ぐ、経験を積むことに力を入れた。

「僕は、自分の持ち味は〝営業力〟だと思っています。初対面の人と話せる、人によってタイプを使い分けられる。人間に興味があるんです。他人はなぜ自分とこんなに感情や思考が違うのだろうと思って」

営業と聞くだけで毛嫌いする大学生が多い中では異色だ。営業は、自分がやってきたことに近かった、と竹岡君は言う。自分でその場所に行く、人に会う、自分を売り込む。

住宅メーカーを受ける時は、実際に住宅展示場に足を運び、営業している社員の姿も見た。化粧品メーカーを受ける時は、その会社の化粧品を実際に使ってみた。

さらに彼は、化粧品メーカーへの就職活動では、事前にアンケートまで取っていた。

「20代から50代の男女150人に、10項目のアンケート調査をしました。自分の友達やバイト先の職場の人だけではなく、母親の友達にもお願いして、回収できたのは100枚です。そこでは、どの会社のどの化粧品を使っているか、好きな商品は何か、その理由などを聞きました。どんな化粧品をどの年代の人が使っているのかも調べましたね」

自分の業界研究の判断材料にしようと思ったことと、純粋に興味があったこと、就職してからもこの経験が生きるだろう、などの考えがあったという。

年齢・性別が違うことで、ブランドイメージも違う。その人の化粧品の見方もわかる。化粧品業界以外では、ここまでがんばらなかったから、やはり化粧品業界が第一志望だったのだ。実際に自己PRでこの話をしたこともあったが、ことさら目玉として打ち出しはしなかった。

結果的に竹岡君は、化粧品メーカー2社、住宅メーカー4社、最初に内定したコーヒーショップチェーンの、合計7社に内定した。

最終的に竹岡君は、総合職（営業）で資生堂に入社する。

その一次面接で聞かれたことは、①志望動機、②自己PR、③学生時代にがんばったこと、④最後に一言、の四つだった。たいていの大学生は、渾身の志望動機を一つ用意して、それで満足してしまうが、企業側の心に響かなければ、それで敗北だ。竹岡君は、三つの志望動機を用意した。「僕はいつも三つの構成で答えていました」

①　人にとって肌とは、はがそうと思ってもはがせないもの。捨てられないものだから、それを扱うことの面白さ。

②　表面に塗るだけなのに、内面に作用する化粧品という商品の面白さ。そして、外見を変えることが、内面を変化させ、自信を持って生きられることに対する面白さ。

③　姉の結婚式で、今までたいして化粧もしていなかった姉から、「健一、どう？　綺麗でしょ」と言われた時の、言葉にならない感動。「化粧ってすごい……」

志望動機を三つ用意することは、「前座」で受けまくった住宅メーカーの選考の途中で気が付いたのだという。しかもこの場合、「業界全体→その会社→自分個人」というように、志望動機を変えていくことが多かった。こうした細かい工夫が、採用担当者の心に響いたのだ。

自己PRは、11年間ずっとテニスを続け、高校と大学で全国大会に出たこと。スポーツで全国大会に出たことのある人間はそもそも少ない。竹岡君はさらに、中学から大学までずっと、試合の結果やその日の所感などを、ノートに綴っていた。日記だけではなく、イラストや図も絡めた本格的なもので、「試合当時の感覚を忘れないように」と付けていたものだった。

「最後に一言」は、絶対に言わなければならない、とされているが、わりと大学生はここで力尽きてしまう。竹岡君は、事前に入念に準備していた通り、「コーポレートメッセージに共感している」ことを言った。御社は、自分の歩いてきた人生に近い。だからここで働きたい。人間は最後は感情であり、感覚が近いこと、共感できることを述べた。

この後、二次面接は集団面接と学生同士のグループディスカッション、三次面接（最終）は人事部長ほか1名と自分の2対1の面接だったが、もうどんな内容だったか、どう受け答えをしたのかは、覚えていないと竹岡君は言う。おそらく、彼にとって、一次面接こそが最終決戦だったのだ。

だが、これは重要な視点だ。最初の面接で、面接官は、その学生が、自分の会社に合っているかどうかを見抜き、上司に上げる。実は、最初の面接こそが、最終面接なのだ。それ以上の面接、それこそ社長や役員の面接は、最初の面接に比べれば、確認作業のようなもの。最初に気に入られることに、全力投球をする。

他の学生は、階段を上るように、複数の面接をクリアすれば良いと考えているかもしれないが、それではどうせ一流企業では息切れして先に進めないのだ。最初の勝負に全力投球するべきなのだ。あとは、選考を通過するごとに、また考えを練り直せばいい。

8　起業する

学生時代に会社を自分で興してみることも、ぜひお勧めしたい。それが、就職活動につながるのだ。獨協大学経済学部の杉山君（仮名）は、結果的に8社に内定した。

入社したソフトバンク以外は、大手広告会社2社、人材系企業2社、日本を代表する製造業1社、世界的なネット関連企業2社。どこも社名を明かせないのが惜しいが、これだけの会社から嘱望された人材である彼は、いったいどんな経歴なのか。

杉山君は1年生の後期から、獨協大学経済学部で最も厳しいゼミと呼ばれていた、マーケティングゼミに入る。そこは優秀な学生が集まるスパルタゼミと呼ばれていた。

「マーケティングのゼミで、インプットだけではなく、アウトプットがしたくなった。ゼミでは、本当の会社のケーススタディを扱い、財務諸表を見て負債や利益など経営状態を分析する。そして、どうマーケティングするかを考える。年に3、4本の事例を扱うが、勉強がきついのでやめる人は多く、僕の同期も25人いたが最後は5人だった」

書類選考やグループディスカッションなどで約5倍の選考を通過した彼は、気の合う同級生と出会う。意気投合した二人は、いきなり起業を志す。

そうはいっても、どうやって会社を作るのか、何をする会社なのかは、まったく決まっていない。まず半年は準備期間に充てることにして、「大学2年生の春に、会社を興す」と宣言して、仲間を集め始めた。

獨協大学内だけではなく、高校時代の友人にも声をかけ、当時ブームだった学生団体などにも出入りして、慶應、早稲田、学習院女子などの大学から、合計15人のメンバーを集めた。「学生にしかできないことをしよう！　学生団体とは違い、本気で株式会社を作ろう！」と盛り上がり、しかも、事業が成功したら、さっさと譲渡して、普通に就職活動をすることまで最初から決めていた。

会社を登記したのは、２００９年１月だった。

当時は学生団体ブームで、学生によるニーズ調査が流行《はや》っていた。杉山君は検討の末、マーケティング・コンサルティングの会社を始め、案件を募集していたところ、人づてに、いきなり大きな話が舞い込む。

「あるメーカーから、新商品の水を１０００人に試してもらう調査の案件が来たのです。学生たちを駆使して、何とか７００人の方たちからご協力いただくことができました。この仕事での報酬は８６０万円だった」

学生にはあまりに大金だ。当時は、今と比べても学生ベンチャーは少なかった。だからこんなうまい話が急に来たのだろう。だが、良い時期は長くは続かなかった。

「二度目の案件で、コケました」

一度目の評価が高かったため、同じ会社から二度目の調査依頼が来るはずだったが、これは成立しなかった。それは、仕事の詰めの甘さからだった。

ダンボールで大量の水を自宅に送り付けられて辟易《へきえき》した前回の協力者が、二度目は申し出を受けてくれなかったのだ。毎日三食ちゃんとその水を飲んでアンケートに答えなければならないが、ちゃんと飲んでいない人のデータの管理ができず、会社側が望むのとは大きく違うデータの結果になるなど、トラブルが続発してしまった。

だが、ここであきらめたら、できたばかりの学生ベンチャーは無収入だ。

杉山君は次の仕事を探した。当時、様々な学生団体に出入りしていた彼は、いろんな大学のミス・コンテストを手伝っていた。さらには、社会人主催の勉強会にも出入りしていたため、ある芸能関係者から、「読者モデルを紹介してほしい」と頼まれる。

ミスコンに参加するような美人女子大生のあてはいくらでもあった彼は、知り合いの読者モデルの女子大生を20人集めてきた。この、モデル仲介料が、会社の次なる収入源になった。

「ファッション誌の読者モデルのギャラは、びっくりするほど安い。でも僕は、仲介料から、結構な額を読者モデルの方に支払っていたので、読者モデルの方々にも受けが良かった。もちろん、会社の収益にもなりました」

こうした評判を聞きつけて、「読者モデルとコラボした化粧品を作りませんか?」という話が、ある企業から舞い込む。提示された金額はなんと2500万円。水の調査の約3

倍だ。

だが、「これも失敗しました」。準備の過程でいろいろとトラブルが発生し、企画は流れてしまった。

そのころは、もう大学3年生の夏休みだった。起業した自分の会社はプロジェクトが流れて収入がほとんどない。初めから会社は最終的に畳むつもりだったこと、また自分の会社のクライアントを開拓するという秘めた野望もあり、杉山君はインターンシップを決意する。「自分の会社の営業目的のインターンなんて、僕ぐらいでしょう」

インターンをしたのは5社、大手人材系企業、大手広告代理店、大手製造業2社、大手ネット系企業。後に彼は、そのうちの4社から内定を得る。

「学生団体で出会った起業家たちから、口を酸っぱくして、『就活は厳しいよ』『インターンした方がいいよ』ときつく言われたので、することにしました」

「起業は甘くない」と骨身に沁《し》みた杉山君は、「起業は生半可な気持ちでやるものじゃない。社会人としてルールを学んでから、ちゃんとやろう」と考える。そうはいっても、モデル紹介の仕事は継続していた。これだけで月40万～50万円の収入はある。個人としては十分だが、仲間たちとやっている会社としては物足りない。

「副代表と話し合って、原点に返ろうということになった」

二人の原点とは何か。それは、「世界を相手にしたビジネスをやりたい」という大きな野望だった。今の自分たちには、外国人との接点もまったくない。「世界を見なきゃいけないな」と。当時、新聞などでは「若者は内向き」「ゆとり教育世代で日本は滅ぶ」という論調が幅を利かせており、それに対する反発もあった。「そうだ、俺たちは世界一周をしよう」。それが大学3年生の終わりごろの話だ。大学生が世界一周旅行をする。今となっては珍しくもなんともないが、当時はまだ珍しく、ネットで話題にもなった。しかし、大学生の最後に長期間の世界旅行をして、就職活動はどうするつもりなのか。

「もう、終わっていました」

3年生の秋のこと。学生団体や起業家の集まる飲み会やイベント、パーティーなどに積極的に参加していた杉山君は、様々な人事担当者と出会う。入社先もその一社だった。

入社先の人事担当者は学生起業家との交流を求めていた。学生起業家、あるいは、起業家精神を持った学生を採用したいと考えていたのだ。相談された杉山君は、「起業家採用」という企画を提案し、これを実現させた。説明会や面接の設定など、「まるで人事コンサルのように」30人の学生と同社をマッチングさせた結果、企画から実働、運営を担当していた杉山君が、最後まで残り、そのまま入社を勧められたのだった。「他のインターンした会社からも、3年生の12月ごろには、内々で『採用したい』と連絡がありました」

3年生夏のインターンシップ。そこで優秀な結果を収めた上位10パーセントぐらいの学生には、人事からこっそり電話がかかってくる。そして、面談を経て、いきなり最終面接に行けるのだ。

「だから、僕は『就活』は、していないのです。確かに、ネットエントリーは100社したけれど、結局、普通の就職活動はほとんどしなかった」

3年生の夏にインターンした会社が大手ばかりだったのは、クライアントの開拓のほか、学歴コンプレックスを就職で払拭《ふっしょく》したいという思いもあったという。また、人のつながりで仕事をしていたので、人材関係企業に関心を持っていた。

広告会社は、(自分の会社の)PRの仕方、IT業界はそのビジネスモデルが知りたくてインターンを受けた。数多《あまた》の内定先から、大手通信会社を選んだのはなぜか。

「可能性です。人事担当者に出会った、自分自身が採用を担当した。すぐに権限のある人間が決断して、こんなことを、まだ学生の若造にやらせてくれる。社員の仕事のスピードが速く、行動力や決断力がある。有言実行である。ここしかないと思った」

こうして、内定先が決まった彼は、2010年に副代表と二人で世界一周の旅に出る。4年生の前期でほとんどの単位を取得し終わっていた。旅費は、22社の企業にプレゼンをして得た協賛金300万円で行った。

「仕事で付き合いのあった会社や、経営者団体の付き合い、一部は直接テレアポもしました。こうして企業からの協賛金を集めました」。それには、「グローバル人材の採用に向けて、世界の大学生を市場調査してきます」という大義名分があった。世界旅行も、半分はビジネス目的だったのだ。

旅に出る前の4年生の7月に会社は知人に譲渡して経営を退いた。こうして二人は27カ国52大学の800人の大学生を調査し、彼らと単に交流するだけではなく、協賛した日本企業22社に有益な情報も提供していたのだった。「もともと自分たちはマーケティング会社なんで、人材調査はお手のものでした」

なぜ、インターンシップのグループワークで上位に選ばれ、採用のオファーがもらえたのか。杉山君は振り返る。

「実際にビジネスをやっていましたからね。僕は経営者でしたし。インターンシップでプロジェクトに取り組んで発表する時には、自分のチームが1位だったり、上位になることがほとんどでした。僕は動きながら考えるたちなので、マーケティングをゼミで学ぶだけでは飽き足らず、実践してきた。そこが違ったんでしょう」

震災直後の2011年4月、杉山君は大手通信事業者のソフトバンクに入社する。

最初はOJTとして東京での固定電話や携帯電話の法人営業。テレアポや飛び込み営業もあり、かなりつらい思いもした。

8月には正式配属になり、大阪勤務となる。こちらでも法人営業。そして2年目の2012年5月、東京に呼び戻され、国際営業本部で海外進出している日本のグローバル企業の法人営業担当になる。入社1年目にして、新入社員で営業成績トップになり、最優秀新人賞を受賞した彼に、すぐに活躍の舞台が用意された。なぜ営業成績トップになれたのか？

「新規に加え、元のクライアントに営業していましたから」

営業成績トップというと、根性とか熱血とか、営業テクニックの問題とかを考えがちだが、そうではなかった。起業していたおかげで、人脈と実績があったのだ。

2012年10月には、新規ビジネス統括部に配属になる。これは、営業に強い若手社員を集めて、海外でのビジネスの拡大を目指す、花形部署だった。入社3年目で抜擢されるのは異例中の異例といえるだろう。

だが、彼は翌2013年6月で退社した。わずか2年と3カ月間だった。

現在は、友人の教育・人材系ベンチャー企業に取締役として参画、さらに、日本の国際化を目指す一般社団法人を立ち上げ、代表を務めるなど、より自由度の高い働き方を選んでいる。

「やりたいことが明確になったんです」という彼の夢は、新しい教育機関を作ること。

「自分自身の受験の失敗、就職活動のあり方、学歴差別、世界で活躍する日本人が少ないことなど、これまでの人生経験を振り返ってみて、今までの日本の大学教育とはまったく違う、新しい教育機関を作るのが、僕の仕事だと思いました」

彼が自分の教育機関で作りたい人材とは、まさに彼の人生で培ってきた「営業力」のある若者だ。表現力、話す力、アピール力。こうした力は、今の日本の高等教育ではちゃんと付いていないのではないか。社会人向けには大学院や生涯学習という形で、営業のプロフェッショナルを育てたいのだという。

「やりたいことが多すぎて、会社にいる時間が惜しかった。円満に退社しましたから、辞めた会社は今も僕にとっては大切なクライアントでもあり、育ての親だと思っています」

9　アルバイトで人脈を作る

獨協大学経済学部経営学科を2013年3月に卒業し、システムインテグレーター系企業で働く藤木君（仮名）の就職方法は、多くの三流大生にとって非常に参考になるものだ。「ウチはお金がないから、高卒で公務員になれ」と言う親の反対を押し切って、「大学で社会や組織について勉強がしたいから」と、自分で学費も生活費も稼ぐという条件で大学に進学した藤木君だが、自分で学費を稼ぐのは大変で、某大手チェーン居酒屋でのアルバイトを週5日もやっていた。

居酒屋というときついバイトの典型のように思われるが、藤木君は「楽しかった」と振り返る。「ただ働くだけじゃなくて、何か得るものがあると思っていた」。同じ居酒屋でのアルバイトを大学4年生の3月まで、入社2日前までやっていた。居酒屋バイトをしていた藤木君の、いったい、何が違っていたのか。

藤木君は、居酒屋で働きながら、どんどん、お客様との会話をはずませていった。仕事の合間合間に、お客様の仕事の話を聞くなどして、仲良くなり、プライベートでも飲みに行くようになる。藤木君の居酒屋は年配のお客様が多く、常連客ばかりだったので話すことも多い。接客態度の良い藤木君はお客様に気に入られ、少しずつお店で会話をするようになり、次第に客はプライベートな話までし始め、やがて、休日に一緒に遊びに行くようになる。

さらに、藤木君は仲良くなったお客様と、Facebookで友達になり、一緒に飲みに行くようになった。

「世界を飛び回っている、革製品のバイヤーのお客さんと仲良くなり、海外の話を聞いたり、一緒に飲みに行きました。今でも交流しています」

さらに藤木君は、他の居酒屋にも行った。居酒屋めぐりが好きな藤木君が他の店に出入りするようになると、なじみのお客様に見つかり、また話がはずむ。さらには、他店の店員さんにも顔を覚えられて仲良くなり、閉店後に一緒に飲みに行った。

居酒屋でアルバイトをするだけではなく、他の居酒屋の店員さんやお客様と一緒に飲みに行く。チェーン居酒屋の店員では普通はありえないことだろう。お客様も店員も、仕事以外の会話をする余裕などなく、店員はただ料理を出すロボットのようなものだ。藤木君はここがすでに違ったのだ。こうした経験は、次第に就職活動にもつながっていく。

アルバイトで評価された藤木君は、店の「リーダー」という幹部職になった。すると、各店舗のリーダーが集まるリーダー会議に呼ばれるようになる。指導するのは本社の部長クラスの幹部社員だ。ここで藤木君は、なんと本社の人事担当者に大学生を集めた場に来てもらい、学生に対し、企業はどんな人材を求めているかといったテーマで講演してもらう企画を立てる。学生は130人も来た。居酒屋のアルバイトでここまでする大学生はほとんどいない。

どうして藤木君は、突出したアルバイト店員になれたのか。

それは、週5日も仕事をしていると、店長に「この店をもっとこうしていきたい」「ここを改善したい」と提案できることがどんどん増えていったからだと藤木君は言う。他の店員と比べても、こうした藤木君の提案する姿勢は突出していた。もちろん、口だけではなく、仕事は人並み以上にできた上でのことだ。

藤木君は、大学3年生の夏休みも、居酒屋での週5日のアルバイトに没頭した。今まで登場した他の学生のような、企業でのインターンや留学すらまったくしていない。ただひたすら、同じ店で働き続けただけである。だが、そこは、毎日違う常連さんから仕事の話を聞き、飲み歩く経験の場だった。居酒屋アルバイトを通じて、社会と接していたのだ。

ルーティンワークのアルバイトをしている大学生は多い。大学生のアルバイトの多くは接客業だ。しかし、藤木君のように、本当の意味での接客ができれば、単なるアルバイトではなくなる。こうしたチャレンジを、ぜひ多くの大学生に経験してほしい。

居酒屋チェーンの本部長から、「ぜひウチで正社員になってほしい」と熱望された藤木君だが、就職はシステムインテグレーター系企業だ。なぜなのか。

「ITはなくてはならない存在であり、社会に影響を与えるIT系企業に入りたいと思っていた。ITはシステム障害などのトラブルはニュースになるが、良いニュースはあんまり出てこない。良いニュースの中には面白いニュースもあるのに、そういう情報をもっと知りたいと思った」

本書に登場する多くの学生が体験したインターンをやらなかったのには、藤木君なりの理由があった。

「インターンが大事だとは思っていたけど、行った会社のイメージが自分に強く付いてしまうのは良くないと思い、あえて行かなかった。そんなに就活で焦っていなかった。それよりも、居酒屋で働きたかった。お客さんと話したい。飲みに行きたかった」と藤木君は言う。

夏休みも週5日働いていた藤木君だが、お金は貯まらない。仕送りは一切なく、学費と生活費に消えていった。今も奨学金を返済している。

「1日12～13時間働いて、月15万円稼いでいた時期もありました。学業はおろそかになったかも。そもそも面白い授業は多くなかった」と藤木君は苦笑する。ただし、ゼミではケーススタディーを学んだ。成功している企業が、ベンチャー企業のころからどう大きくなっていったのかを知ることは、良い経験になったという。

3年生の10月から12月にかけては、人事担当者によるセミナーが開催され始める。藤木君は様々な人事担当者と話す中で、「システムインテグレーター」という仕事に関心を持つようになった。「商社のようにコンサルティングをする点、お客様の経営状況を、ITというツールで解決する点に興味を持ちました」。なかでもメーカー系ではなく、独立系に関心を持った。「メーカー系だと自社のシステムを売り込むことになる。独立系はお客様に最適なサービスを提供できる点に魅力を感じました」

会社選びで重視したのは、意外にも「古い企業」であること。ITはここ20年ぐらいで急に発達した新しい分野だが、藤木君の内定先企業は戦前からある。「これまで、長く生き残っている、社会の変化に順応してきた企業がいいと思った」。藤木君は『就職四季報』

を買ってきて、ひたすら独立系のシステムインテグレーターを探し、創立年を調べ、歴史ある企業を選んだ。

就活では、こうして伝統ある企業だけを選び、最終的には4〜5社しか受けなかった。IT系では内定先を含め2社。エントリーは金融やアパレルなど20社ほどエントリーしたが、途中で辞退していった。システムインテグレーターになりたいと決めているのに、どうして他業種を受けたのか。

「システムインテグレーターの取引先となっている企業を受けて、企業研究をしたのです」というから、説得力がある。

面接では、ITに興味がある→なぜシステムインテグレーターなのか→なぜ独立系なのかと、大から小へと絞り込んで話していった。

「僕が一番したいことは、世の中により良い価値を提供していくこと。なぜITなのか。それは社会的影響力が強いから。東京証券取引所でのトラブルや、ドコモの電波障害のニュースなどで関心を持ち、自分が担当するものが、社会に貢献できることに魅力を感じた」

内定を得たのは、現在の会社だけだ。

「本当にＩＴについて知らなかったと反省している。『この分野なら他の会社もあるよ』と言われ、まともに答えられなかった会社は落ちました。自分は知らなかった、考えていなかったでは済まされない」

面接で藤木君は、「人事の方は、どういう返答を求めているんだろう」と考えていた。これは、顧客の気持ちを慮《おもんぱか》ることにつながる。自分で、相手のニーズ、質問の意図を考えることが重要だと気が付いた。

今の藤木君は、法人営業を担当している。新規営業、いわゆる飛び込み営業やテレアポは存在しない。何十年も付き合いのあるお客様だけだ。一度導入したネットワークの更新などが仕事で、なかには20年計画の長期的な仕事もある。学生のイメージする営業と比べると、仕事内容は随分違う。

「大企業志向に惑わされないことです。大企業で自分のやりたいことができるわけではない」

藤木君は、自分にマッチしたところ、やりたいことができる会社を探した方がいいと言う。

「自分が社会の役に立っているというやりがいが感じられる。僕は今、ネットワークという止まらないで動いているものを扱っている。直接人の目には触れないけれど、毎日使っている。そんなところに仕事の魅力を感じます」

居酒屋で培った、お客様と話す力は、今も役立っている。居酒屋ではお酒に詳しくなった。また、年配の方は山登りやハイキング好きが多く、お客様の年齢層が高い店でアルバイトしていた藤木君は、こうした話にどんどん詳しくなっていった。お客様から得た知識が、他のお客様にもつながっていく。今の仕事の顧客とも、プライベートで飲みに行く機会があるという。

藤木君の今の働きぶりは、まるで高度成長期のサラリーマンのようだ。会社は土日が休みで有給もちゃんと取れる。就業時間は9時〜17時45分だが、フレックス制でコアタイムの10〜16時だけの出社も可能だ。藤木君の会社の平均年収は高く、社員の勤続年数も長い。IT系とは思えないほど、安定した会社で、長い歴史を持ち、しっかりと優良顧客を抱え込んでいる。藤木君自身、入社するまでここまで待遇の良い会社だとは思わなかったという。夕方は早く帰れる日は同僚や取引先と飲みに行く。

「新入社員教育を、じっくり半年もしてくれて、その間にネットワーク系の資格を取らせてくれる。入社して1カ月は、営業は一切しなかった。SEで経験を積んでから営業に行く会社が多い中で、弊社は最初から営業職で採用している点も良かった」

高齢化する社会の中で、年配者と話が合うという藤木君にとって、自分の経験が生かせる理想の職場といえるだろう。こんな、高給で休みが多く、労働時間が短く、しかも安定したIT系企業があるなんて、多くの大学生はまったく知らないに違いない。

藤木君の最近の趣味はゴルフだ。取引先のお客様の中には、ゴルフ場を所有している人もいる。今後は仕事でゴルフに行く機会が増えることが予想されるため、藤木君は少々値が張るもののゴルフセットをそろえ、休日には直属の上司とゴルフの練習場に行くこともあるそうだ。「ゴルフコンペに参加することになりそうです」と藤木君は笑う。

こんな一昔前のサラリーマンみたいな働き方が現代にあることが驚きだが、それもこれも、アルバイトの居酒屋を、単なるバイトとせず、顧客との人脈作りに生かしてきた藤木君にふさわしい仕事といえるだろう。多くの三流大生が、サービス業でルーティンワークのアルバイトを低賃金でしているが、それも生かし方次第では、将来につながる大きなチャンスになるということがわかる。

10　自分が納得いくまでやる

待遇が悪い会社を「ブラック企業」と言うらしいが、安くてきつい会社はイヤだ、と言うだけでは、それは単なる甘えだろう。若いうちは、まず、言われたことをきちんとやることも必要なはずだ。

文教大学人間科学部から地方テレビ局の総合職に内定した大城君（仮名）。内定者は彼一人だった。数多のライバルに勝った彼は、何が違ったのか。沖縄出身の大城君は、教員志望かマスコミ志望で悩み、両方が学べる文教大学に進学、と言うと格好いいが、上位校受験に失敗していた。大学ではフリーペーパーを作るサークルに所属し、マスコミごっこはしていたが、他大学のフリーペーパーサークルとの大規模な交流イベントで慶應の学生に会い、広告代理店などにコネクションがある彼らの話を聞かされて意気消沈。「自分はどうせ有名大学じゃないし、マスコミにコネクションもない」と落ち込んでしまう。このままではいけないと考えた大城君は、マスコミという道を離れて、自分の興味のある業界を探した。

そして、洋食レストランチェーンでアルバイトを始めた。「人と関われる仕事がしたいし、接客業もいいかなと思って」と大城君は言う。飲食業、接客業というと、仕事がきつくて休みがなく給料が安くて離職率が高いと言われる業界だが、大城君は一生懸命アルバイトをした。

「店長に何か言われる前に自分からやることを心がけました」

今になって振り返れば、「どうせマスコミなんか無理」「しょせんアルバイトだからという大城君だが、それでもアルバイトはがんばった。「しょせんアルバイトだからという、中途半端な気持ちはなかったです。お店の売り上げが落ちないようにと考えていました」

こうして、言われる前に行動し、店の売り上げ向上に努力しているうちに、バイトのリーダー的ポジションを任されるようになり、他店にヘルプに行くようにもなった。

「バイト仲間の中には、お客様がいないと早く閉店準備したがるやつ、店長が見ていないところではサボるやつがいましたが、僕はそういうことはしなかった。ごまかす人はすごく上手にごまかして、傍《はた》から見たらちゃんとやっているように思える。でも、僕は、たとえ大学生のアルバイトであっても、泥臭く、がむしゃらにやるべきものだと思っていた」

大城君は、「自分が納得いくまでベストを尽くす」のが信条だった。だからアルバイトをしていても、手抜きはしない。こうした姿勢が、働く上では重要なのだ。

アルバイトをする中で、飲食店や接客業を漠然と考えていた大城君だが、大学3年生の夏休みは、PR会社と居酒屋でインターンシップをした。この2社を選んだ理由は、マスコミと飲食業の二つの可能性をまだ追っていたからだ。PR会社は社員数人の小さな会社だったが、大規模なスポーツイベントのPRをしていた。

大城君はテレビ局や大新聞社などの大手マスコミではなく、周囲から攻めることを考えていた。

「自分はあまりスポーツイベントに興味がなかった。でも、毎日スーツを着て出社しているうちに、社員みんなで一丸となって取り組んでいく姿勢に魅せられた。他の人から見たら待遇が悪いブラック企業かもしれないが、その泥臭い姿は魅力的だった」

居酒屋のインターンは、アルバイトと違い、本社での管理部門の仕事をした。「接客や飲食も、現場だけで知った気になってはいけないと思い、アルバイトの目線とは違う立場から見たかった。会社や店舗の管理、運営などの仕事を体験したことは、アルバイトでも役に立ちました」

2社でのインターン経験で、大城君の、「ひたむきに、言われたことをまずはきちんとこなす、泥臭く働く」という信念は、一層強固なものとなった。

「自分はプライドが高いので、与えられた仕事、言われたことは、自分が納得いくまでやる、といつも考えていました。お金は二の次です。お金だけを目的にしていれば、言われたことをやるのは苦痛だったと思います」

3年生の10月になると、大城君はまず様々な企業説明会に足を運んだ。ホテル、販売、小売、接客業など、いろいろな会社の説明を聞いた。こうしてまず多くの会社に足を運ぶことで、マナーや身なりに気を配るようになったという。

「ホテルや百貨店を受ける学生も、そこの社員も、服装がとてもしっかりしていた。『私服で来い』と言われて行って、自分だけが適当な服装で、恥をかいたこともありました。でも、こうした経験を先にしておいて良かった」

あるホテルは、男性社員の髪型がみんなオールバックだった。大城君は、「まず形から入る」ことの大切さを学んだ。中身が良ければ見た目は適当でいいなんて大嘘だ。組織の一員になるのなら、その組織の一員にふさわしい恰好をするべき。これも大城君の考える「泥臭く働く」姿だった。

12月1日に正式に就活がスタート。相変わらず大城君は小売、接客、飲食などを中心に調べていた。まずはこうした会社に内定をもらっておこうと考えたのだ。

　この時点でまだ、大城君はマスコミに対して弱気だった。NHKや朝日新聞の募集は、受けなかったのだ。3月、4月になると大城君は、ビジネスホテルチェーンや、カフェ、居酒屋などから内定を得た。自分が評価され、就職活動が楽しくなってきた。何社も内定した大城君に対し、大学の友人たちは「もういいじゃん、どこかに入社を決めれば」と言ってきた。だがここで、大城君の「納得いくまでやる」という性格が頭をもたげてくる。

「マスコミを、あきらめたくない」

　大城君は、文教大学はあまり知られていない大学だが、自分が大学の名を上げられるんじゃないかという、自信が付き始めていた。前もって飲食業界やサービス業界で内定を得ておくことが自信につながった。エントリーは100社、面接まで行ったのが20社、内定は7社。カフェは3社も内定した。志望動機は「自分の店が持ちたい」。本気だった。決して滑り止めで受けたわけではなかった。「自分がここに入ったら、真剣に働けるな、と思った会社しか受けませんでした。入社後の働いているイメージをいつも思い描いていましたから、それを素直に伝えました。だから内定が得られたのだと思います」

　どこかでマスコミ就職をあきらめ切れなかった大城君が、唯一受けたのが、出身地沖縄のテレビ局だった。

東京の大手テレビ局は、なんと3社とも採用試験で会社まで行って、受けずに帰ってきていた。「受け付けを済ませて会場入りしようとすると、どうしても怖気付いてしまって、中に入れなかった。今はこれも運命だったと思っています」。彼の弱気も筋金入りだが、大手テレビ局の本社に行って、他大生を見ると、怖気付いてしまったのだという。「自分が一番下なんだと思うと、どうしても中に入れなかった」。他の地方局もエントリーしたが、結局、うまくいかなかった。

沖縄のテレビ局には、中学1年生の時に遠足で見学したことがあった。他局の採用はもう終わっていた。

「最後の思い出に、1社だけマスコミを受けよう。そこがダメなら、もうあきらめよう」

そこで、その1社に絞って業界研究を開始。沖縄の両親に番組を録画してもらい、ビデオを送ってもらって東京の自宅で見るなど工夫をした。「僕は地域に根ざしたドキュメンタリー番組が作りたいと思っていて、その局には関心があった。地方局ならではの、地域のための番組を作りたい」

たった1社だけテレビ局を受ける自分を、「何やってるんだろう」と自分でも思ったと大城君は言う。だが、幸いにもエントリーシートは通った。東京で行われた一次面接では、中学1年生の遠足の時から憧れていたこと、大学では社会学を学び、ドキュメンタリーを作りたいことを訴えた。エントリーシートに中学での遠足の写真を張り付けるなど、工夫もした。二次は筆記試験と小論文。三次試験は沖縄で行われた。「なぜウチの会社なのか、会社でどういうことがしたいか」と聞かれたので、大城君はドキュメンタリー番組を作りたいこと、沖縄の人々の本当の声を届けたいことなどを訴えた。

最終面接は、5人の役員に囲まれて、圧迫されるような雰囲気だった。しかし、他社を受けていない点が評価されて反応は良かったと大城君は振り返る。そして、内定したのは彼一人だった。

大城君は振り返る。

「自分の信念とか、ここだけは譲れないものがあったら、それをとことん追い続けること。そうすると何かが見えてくる。初めからあきらめず、納得するまでがんばってみることだと思います」

11　ただ一つだけのアルバイト経験で一点突破

学生時代のアルバイト経験など、大学生なら誰でもやっている。珍しくもない。だが、それをとことん突き詰めれば、誰にも負けない強みになる。三輪君（仮名）は、日本大学法学部法律学科から、東京の大手テレビ局に総合職として就職した。もちろん著名人の子どもではないのでコネではない。

三輪君は、受験生の時は早稲田大学を目指していたが入試に失敗し、不本意ながら日大に入学した。最初の半年ぐらいは、目標も定まらず、ウダウダしていたと振り返る。

「仮面浪人しようかと悩んでいました」

しかし、そんな彼が、高校生のころからずっと続けていることがあった。千葉にある有名な某遊園地でのアルバイトだ。

彼の担当は、大規模なパレードの交通整理だった。土日はほとんどそのバイト。そのままフリーターになる人たちもいた。

大学2年生になり、20歳なのでとパスポートを取得。友人と海外旅行に行く。自動車の免許も取るなどして、普通の学生生活をすごす。ガソリンスタンドなど何かのアルバイトのネタになると思い、危険物取扱者の資格も取ったり、地域おこしや街づくりのボランティアをするNPOを作ったりなどしていたが、これだけだと今や別に珍しくもない。

一方で、千葉の有名な遊園地でのバイトは得るものがあったと三輪君は言う。「洗脳されるように厳しく叩き込まれる研修、様々なクレームへの対応、社内やお客様との関わり方など、研修や仕事で多くのことを学びました」。やがて新人を教える立場になる。

だがここで、「他のアルバイトもして経験を積みたい」と、並行してカフェの店員、JRの駅員、家電量販店の販売、工場、ティッシュ配り、選挙の出口調査など、数え切れないほどのアルバイトをした。資格取得が趣味で、海上特殊無線技士、小型船舶操縦士、ファイナンシャルプランナー3級、損害保険募集人などの資格も取得した。

3年生の夏にはインターンシップも実施。ゆくゆくは独立したいと考えつつ、IT、インフラ系、マスコミなどでのインターンを経験。家電量販店では商品の配置を考えるグループワークなどをした。ただし、こうやっていろんな会社でインターンをしていくうちに、三輪君は「営業は自信がない」と思うようになり、営業系の業種は避けていくようになる。

金融業界でインターンをしても、千葉の某遊園地での経験を、社員が興味津々で聞いてくることに気が付いた。

「誰でも知っている遊園地なのに、意外と普通の人は内情を知らない。とても興味を持ってもらえました。自分のように、上司に対して文句や改善案を言って、本社から呼び出されるようなバイトは珍しかったので、そこでの経験を面白おかしく話すと、誰もが興味を持ってくれました」

三輪君は50社にエントリー、IT、インフラ系、マスコミを中心に受け、5社から内定を得た。家電量販店、IT系2社、JRの駅員（現業職）と、入社した在京大手テレビ局である。

ここまでも三輪君の経験は、特異なものはなく、正直なぜ彼が、誰もが憧れる、東京の大手民放に入社できたのかよくわからない。ちなみに、他にも東京の大手テレビ局2社を受けたが、ウェブでのテストと二次面接でそれぞれ落ちた。

三輪君に同社に入るまでを振り返ってもらった。

まずは、ウェブエントリー。インターネット上で、テレビ業界の可能性や新しいサービスについて書いた。次に同じような志望動機を手書きで出す。これも通過し、一次面接は社員3人に学生10人で、なぜこの会社を受けたのか、自分の長所短所などを語り合った。

二次面接は3対3、ここで三輪君は、遊園地でのバイト経験を熱く語った。三次面接は役員5人対一人、ここでも遊園地でのアルバイト経験を熱く語った。四次面接も役員5人対一人、ここでは「人生で最大の挫折」について問われたが、やはり遊園地でのアルバイトからネタをひねり出した。五次は最終面接。入社したら何をしたいかなどを聞かれたが、とにかくすべて遊園地でのアルバイト経験を語って押し切った。

「ここまで来たら、何を聞かれても、全部遊園地での話にしてやろうと思っていた。ぶれないことが大事だと思ったから。5年半も働いてきたんだから、どんなに掘り下げた話もできる、経験と自信がありました」

パレードの最中のトラブルは上司に相談もできない。客から意表を突く質問をされた時の返し方、変なクレームへの対応。即座に判断力や行動力が求められる職場で、三輪君は鍛え上げられていたのだ。

三輪君のテレビ局への内定は、僥倖《ぎょうこう》のようなものかもしれない。学生の読者の参考にならない部類の話かもしれない。しかし、何かを突き詰めていくことが、自分だけにしかない、人に届く何かにつながったのだ。外資系金融機関でも、英語がまったくできなかったり、内向的で営業に向かないような社員を採用することがあるという。それは、そういう人材には、他の人にはない、組織で生かせる重要な役割があるからだ。何でも同じような性格の人間ばかりを企業は求めていない。

自分に素直に、飾りすぎないで就職活動をありのままにしてみることも、もしかしたら成功への近道なのかもしれない。

東日本大震災後の2011年4月、大手テレビ局の総合職の新入社員として、三輪君は入社。報道局に配属され、最初は雑用的な業務からスタートした。震災直後のテレビ局は超多忙で、24時間休みがないような状態が長期間続いた。そんな日々の中、広告収入が減ったテレビ業界は、徐々に退潮してきていた。三輪君の会社も、子会社に社員を移し、賃金を下げるなどのリストラの嵐が吹き荒れ始めていた。三輪君は新人でありながら、テレビ局の将来に不安を覚えた。すでに、スタッフが減らされても、新たな人員が補充されず、現場は疲弊し始めていた。22時から8時までの夜勤明けから残業で昼過ぎまで勤務するなど、無理を重ねた仕事に、三輪君は早くも疲れ果ててきていた。家と会社を往復するだけの日々。

2012年の秋、ようやくまとまった休暇を得た三輪君は、シンガポールで1週間のバカンスを楽しんだ。つかの間の休みの中、三輪君は、「このままでは、自分は本当にやりしだろう。そして、確実にテレビ業界は衰退し、待遇は悪くなっていく。20年後も30年後も自分はこんな忙しい暮らしたいことができないのではないか」と考えた。

大学時代、三輪君は、いずれは起業したいと考えていた。その夢が、頭をもたげてきた。2013年5月、三輪君はテレビ局を辞め、ウェブデザインの会社を起業した。「収入は前の方が良かったですが、今は自分の好きなことを仕事にできている。夜勤もないですし」と笑う。親にも会社にも引きとめられたが、「自分で決めたんだから」と意志を貫いた。

三輪君は、これから就職活動をする後輩たちには、「軸を持って動け」とエールを送る。

「自分がやっていて楽しい仕事かどうかが大切。このためだったら1週間寝なくてもいい、と思えるほどの。僕が千葉の有名な遊園地で働いているころは、あまりに楽しくて、仕事がない日でも、急にヘルプの連絡が入ると出社していたぐらいだった。いろんな可能性を広げてみたけど、軸はぶれていなかった。遊園地でのバイトが軸で、それを広げるように、他のバイトをしたり、資格を取ったりした」

在京キー局の総合職を2年で辞めてしまった三輪君だが、「他人から見て良い暮らし」には何の未練もないという。自分が幸福かどうかが大事なのだと。「石の上にも三年とか、僕は信じない。1年、2年でも、違うと思ったらすぐに決断するべきだ」と三輪君は言う。

12 逆境を乗り越える

高校3年生の1月、センター試験の前日に、父親が急死した。心筋梗塞で、僕の目の前で倒れ、僕の腕の中で亡くなった。翌日、葬式にも出ないで受験したセンター試験では、動揺して、全部一つズレてマークシートを塗っていた――。

東洋学園大学人文学部人間科学科卒の関口君（仮名）は、大手通信業者に入社して1年目。今は家電量販店の営業に出向している。

都内の私立高校に通っていた関口君は医学部志望で、成績も良く、国立大の医学部も十分に狙えるだけの実力があったが、センター試験前日に父親が急死するという事態により、受験に失敗してしまった。父親が亡くなったこともあり、私立大学医学部は経済的に苦しく絶対に無理。

平常心が保てず、名門私大の文系学部受験もことごとく失敗し、流れ着くように唯一合格したのが、東洋学園大学だった。

「犯罪学の専門家の有名な先生がいらっしゃって、それを勉強したいと思って……」と語る関口君だが、あまり声に元気がない。

入学後、精神的にどん底にあった関口君は、「2年かけてゆっくり立ち直ろう」と、まずは大学生活を気負わずに楽しむことにした。挫折感で一杯だった関口君だが、1年生の秋にプレゼンテーション大会で、自分の経験を語って1位を取った時、自分の殻を破ったような気がしたという。「自分の中でけじめが付いて、自信も付いた。与えられた環境でがんばろうと思った」

関口君は、自分の好きなことをやろうと思った。この大学でまだ誰もやっていないことをやろうと。それは、簿記2級を取ることだった。文系に転向したことで遠ざかっていた数学の感覚を、取り戻す狙いもあった。1年かけて関口君は簿記2級を取得した。「簿記に詳しい職員さんがいるので、いつもつかまえては質問をしていました」

大学ではサークルも作った。2年生の冬に就職活動サークルを立ち上げ、就職活動を仲間と一緒に乗り切った。3年生からはゼミ活動に熱中し、犯罪学を学び、4年次には児童虐待をテーマに卒業論文を書いた。

ここまでは、挫折から立ち直るための学生生活だった。誰もがスーパーマンのように何でもできるわけじゃない。関口君は、マイナスから、まずは普通の学生に戻るために大学生活を送った。

大学2年生の冬、関口君は、現在の就職先である、大手通信業者の大規模なフォーラムに、学生でありながらこっそり参加した。そして、参加者アンケートに大学名と名前、連絡先を書いておいた。すると3年生の秋に、「エントリーしませんか?」と案内が来た。

実はその会社の前身企業は、亡くなった父親が勤めていた会社だった。父親が亡くなった後、元同僚や元部下といった人たちから、父親の会社での話を聞く機会があり、関心を持ったのだ。

「通信業界だというくらいで、父がどんな仕事をしていたのかを、まったく知らなかった。父の歩んだ足跡を追ってみたいと思ったのです」

しかし、自分のいる大学から、大手企業なんてどうせ無理だと最初は思っていた。記念受験のような気持ちで、大手と言われる会社は2社だけ受けた。1社は鉄道会社の総合職だが筆記試験で落ちた。もう1社が内定先だ。

中小企業を先に受けて訓練を積んでから挑もうとしていた関口君だが、真っ先に今の会社から内定が出た。まずネットでエントリー。300字で志望動機を語るという課題に、父との思い出を書いた。父親の経験を継ぎたいと。

筆記試験はウェブテストだったが難なく通過。一次試験はグループディスカッション。二次試験、三次試験は1対1の面接。ここでは夢を語った。父のやり残したことを、もう一度やりたい。通信業界で夢をかなえたい。人々の情報の中心になって役割を果たしたい。

しかし、2013年3月末、総合職の採用は、落ちた。ここで一度は絶望の淵に立たされたが、信じられないことに営業職への再挑戦を打診され、気を取り直して再度面接に臨んだところ、見事内定を勝ち取った。

関口君は今、出向先の電気店で、販売の仕事をしている。もう医者への未練はない。「今の仕事は自分の思いに一致している。お客様に納得してもらって、良い商品を売れる、良い契約が取れることに、誇りと喜び、やりがいを感じている。この仕事は面白い」と言う。

父親が亡くなるという突然の出来事で医者になる道を断念したが、これは運命であり、自分はなるべくして今の仕事に就いた、と前向きに語ってくれた。

後輩へのメッセージ。「夢を語れ。自分のやりたいこと、好きなことを、人に語るべきだ。それは『言う』のではなく『伝える』。相手に思いを感じてもらうことだ」

相手に気持ちが伝わるように話すこと。それは、就職活動の面接でも、社会人になってからどんな仕事をするのにも重要だ。

「僕は就職活動を楽しもうと思っていた。教員、職員、先輩に食らい付いて話を聞いた。そして思いを伝えた。大学は4年間もあるんだし、ゆっくりやりたいことを見つければいい。ただ、僕は前半の2年で大きく気持ちを切り替えた」

関口君は、2年で自分の境遇を、「受け入れた」と言う。自分の運命を呪わず、受け入れること。

「亡くなって気が付いたのは、そういえば、親父のこと、何も知らないな、ということだった。遊んでもらったことはあったが、仕事の話、社会の話はできなかった。まさか高校生で別れが来るとは思わなかった。でも、元部下の人たちの話を聞いて少しだけ、知らなかった父を知った。父の仕事のルーツを探したら、自分の夢も見つかった。最初は悩んだけど、今はこの仕事に迷いはないです」

後輩には、大学が無名だからといって、萎縮してほしくないと言う。

「内定後に就職サークルで後輩にアドバイスをしていて感じたのは、ウチの学生は磨けば光るということ。きっかけを与えられれば伸びる。誰かが壁をぶち壊せば、後に続くだろう。僕がこの会社に入ったのも、後に続く後輩のためです。就職活動も仕事も、楽しんだもの勝ちです」

13 営業を嫌わない

國學院大学文学部外国語文化学科の飯島さん（仮名）は、大学の近所にある日本赤十字病院での勤務に憧れていた。「看護師ではなく、総合職を目指しました。赤十字の理念に憧れたことと、総合職は九つの事業部の業務に携われる多様性も魅力でした」

大学2年生で赤十字に就職するという夢を持った飯島さんは、さっそく赤十字関係のボランティア活動を開始する。まずは3歳児未満の子どもがいる乳児院で、子どもたちの面倒を見たり、一緒に遊んであげたりした。さらに、葛飾区にある関連の産院に、自ら電話をしてお願いし、特別に体験ボランティアをさせてもらう。これに加え、日赤の献血ルームでのボランティアもした。繁華街の駅前の献血ルームで窓口対応をしたり、お菓子を補充したりなどのボランティアをしながら、総合職の人と一緒に働くことで、日赤の総合職の仕事内容を知っていった。赤十字のボランティアだけでは収入がないので、文房具店や英語の塾講師、中華料理店のウエイトレスなどのアルバイトもしていたが、すべては赤十字に入るという目標のためだった。

しかし、彼女は、東京都と千葉県の赤十字の総合職採用試験に、落ちてしまった。4年生の5月のことだ。

「東京都は、何千人も受けて、10人ぐらいしか受からない。いろいろ赤十字についてがんばって勉強したり体験したりしてきたけど、ダメなものはダメでした」

しかし、飯島さんはここでへこたれなかった。彼女は、赤十字を目指していた一方で、2年生の時に企業インターンをした経験などから、営業の仕事にも魅力を感じていた。人の命を支えていきたいという赤十字を志望して考えたことと、営業の仕事、二つから導き出されたのが、生命保険の営業だった。4年生の7月、飯島さんは大手生命保険会社の営業職に内定した。

赤十字一筋の就職活動に挫折して、6月に営業を中心に就職活動をやり直して、飯島さんは太陽光発電の営業、不動産2社、医療機器メーカー、製薬、生命保険3社の8社を受け、そのうち、太陽光発電の営業と、生命保険2社に内定した。営業に興味があったとはいえ、実際に営業をしたこともない飯島さんの意識を変化させたのは、学生向け講座や企業での新卒研修を行っている、株式会社営業課の講座だった。

「今までの私は、人に対し営業するなんて、自分には無理だと思っていました。失敗したくない、恥をかきたくない。質疑応答もしたくない。でも、株式会社営業課の前嶌《まえしま》社長はセミナーで、日常は本番のための練習なんだと、説明会で手を挙げる、発表することの大事さを説いていました。就職活動だったら、それだけでも他の人と違ってくる。そのうち、失敗してもいいや、とりあえずやってみようという度胸が付きました」

今までは、将来について、真剣に考えていなかったと飯島さんは振り返る。國學院大学の学生はおとなしく、大学の友人たちは積極的な性格ではなく、インターンシップもしないし、起業する学生もいない。受け身な学生が多かった。だが、前嶌社長の営業の講座に参加した学生たちは、目標を持っていて、友人に夢を語るのも恥ずかしくない。本音で夢を話せる仲間ができたと飯島さんは言う。

飯島さんの内定先の大手生保は、一次面接から1対1でじっくり話を聞いてくれる会社だった。飯島さんの志望動機は、「人の生命を支えたい＋営業をやりたい」。最初は、営業というとイメージが悪かった。

しかし、実際に営業課のセミナーを受けて営業という仕事の魅力を知ると、人に話しかけてモノを売る経験は、自分にとってやりがいのあるものだった。自分から人に話しかけることが楽しい。営業セミナーでは、セールストークは教えてくれなかったが、営業の仕事の魅力に気付かせてくれた。

内定先の生保は、二次面接も、三次面接も、四次面接も、全部1対1だった。飯島さんはここでも、今まで自分が赤十字を目指して努力してきたこと、株式会社営業課のセミナーに出会って営業の魅力を知ったこと、アルバイトでの経験、これからどんな風に生命保険の営業をしていきたいかを熱く語った。赤十字を目指し、人の命を支える仕事がしたい気持ちと、営業が好きだという気持ちが、生命保険の営業という仕事に出会い、見事に花開いたのだ。

「私は、本当に周りが見えていなかったと思います。赤十字だけを目指して失敗した。でも、その気持ちを最後まで大切にしたから、今の会社に出会えた。誰かの役に立ちたい気持ちは同じです。大手企業ではありますが、生保は1年で営業の新入社員の3分の2が辞めるとも言われる厳しい世界であることは承知しています。来春からは法人営業として、指定された企業で保険の販売をします。つらいことも多いと思います。でも、将来どうなるかはわかりません。ポジティブな転職ができるかもしれないし。とにかく、がんばります！」

*

これら学生たちの就職活動の成功事例を踏まえ、企業はどのような学生が欲しいのか。営業力を高め、社会で活躍する若者を育てるために、学生向け講座や企業での新卒研修を行っている、株式会社営業課の前嶌剛《ごう》代表取締役社長に伺ってきた。社長いわく、成功する学生は、大学名でたたかっていない。自己紹介で出身校名を言わない。それよりも、自分がこれまでやってきたこと、これからも続けていくことがはっきりいえるのだという。うまくいく学生は、世界一周をしてきたでも、何かのプロジェクトに参加しているでもいい、自分自身の話をするのがうまいのだという。自分のストーリー、マイシナリオを持っているのだ。

前嶌社長は言う。「うまくいく学生は素直である。世の中を斜めに見ない。成功者に対して『それはあなただからうまくいくんだ』と言わない。つまり、他人事にしない。自分だったらどうするかを考える」

たとえば、「飛び込み営業はイヤだ」と多くの学生が言うが、彼らは実際に飛び込み営業をやったことがない。だが、前嶌社長が研修で実際に飛び込み営業をやってみせると、学生が勝手に既成の価値観で「やってはいけないことだ」と思い込んでいるものが破壊され、自分で実際にやってみるとできる。「既成の価値観をぶっ壊してみる。うまくいった人がどうやったのかを知ったら、それをやってみることが大切」だと前嶌社長は言う。

かつて、前嶌社長は美容師だったころ、カットモデルを探して道行く人に声をかけていた。最初は髪がボサボサの人に声をかけていたが、断られ、カットモデルになってもらえない。そこである日、綺麗な髪形の人に声をかけたら、急に成功率が上がるようになった。髪が長いだけの人ではなく、髪を気にしている人こそが、カットモデルになってくれるのだ。

これで彼は「お客さんの立場になって考える」ことを知った。「自分だったらどうするか？」と考える。「他人事にしない」とはそういうことだ。「それはあなただからできるんでしょ」ではなく、「自分だったらどうするか」と考えて「とりあえず挑戦してみる」学生が、成功に近づく。前嶌社長は、「地頭《じあたま》を鍛えるには、人に会うことだ」と言う。自分の専門外のことは、他人に聞いた方が早い。大学生なら、年上の社会人と話すことだ。企業人との交流会があれば、積極的に足を運べばいい。

前嶌社長は、大学で友達がゼロの女子学生に会ったという。彼女は大学で「怖い」と言われていたそうだ。「もっと人と話せるようになりたい」と彼女は株式会社営業課の門を叩いた。テレアポの会社でインターンをした彼女は、今では大学内で友達が多い。それは、自分から他人に話しかけているからだ。彼女は、勇気を持って、「私って怖い？」と自ら他人に声をかけた。

人に意見を聞く時には、あらかじめ自分の答えを持っているべきだと前嶌社長は言う。「自分でアクションを起こしていくしかない」。そして、先生を頼るべきではないと。小学校から大学まで、学生たちはテストは先生が採点してくれて正解がある世界にいた。だが社会に出たら、答えは自分で決めなければいけない。

「小学校から大学までずーっと先生が答えを持っている世界に生きてきた学生たちには、自分の頭で考えるクセがない。地頭のいい子は、自分で考えるクセが付いている」と前嶌社長は言う。

では、どうすればいいか。「君はどう思う？」と聞かれたら、自分の頭で考えて答えるクセを付けることだ。

世の中で活躍する人は、質問する時に前もって自分の考えを伝える。人に質問をする時は、自分の考えを持ってからにする。友達がゼロだった女子学生は、「自分は嫌われている」と勝手に思っていた。だがそれを人に言ったことがない。「自分はこういう人間です」と自分で他人を頼らずに言うことだ。

企業が学生に求める即戦力とは何か。それは、昨今、根拠なく言われる「コミュニケーション能力」ではなく、「相手のことを考える力」だと前嶌社長は言う。大学教育でそれが教えられるのか、大学教員に教えられるのかといえば、それは多くの場合不可能に近い。「For me な学生は落ちるし、For you な学生は受かる」と前嶌社長は言う。他者に対しどれだけ配慮できるか。相手の話に耳を傾けられるか。

こんな学生がいた。営業経験の長い人事担当者に向かって面接で平然と、「営業を数年やったら企画に行きたいです」と言い放った。もちろん落ちた。私もこんな大学院生に出会ったことがある。私とは初対面であるにもかかわらずいきなり「独身ですか？」「血液型は？」と聞いてきた。不快に思った私が「君に答える必要はないね」と言ったところ、「心を閉ざしましたね」と言ってきた。いくら勉学で優秀な大学院生でも、これでは落としたくなる。

「即戦力とは、相手のことを考える力である」。これを企業はコミュニケーション能力と言っているのだろう。そして大学でそれは教育されていないことが多いので、多くの学生が就職で失敗する。採用担当者の前で「営業は嫌い」と言ったり、ずけずけとプライベートな質問をしたりして失敗する。

恥ずかしながら、私も学生で就職活動をしていたころ、うまくいかなかった理由の一つが、「相手のことを考える力」が身に付いていなかったためだと素直に認めよう。だが、大学でそれを学ぶ場はなかった。

前嶌社長がもう一つ「即戦力」と考えるのは、「習慣」である。毎朝同じ時間に規則正しく起きて、大学に遅刻しない。健全な食生活や健康に気を遣うこと。こうした正しい生活習慣こそがスキルであり、企業が求める即戦力なのだという。「成功した人は、みんなこれがわかっている」。そして、「叱ってくれる大人の存在」が重要なのだという。「素直な学生は、注意してくれる、本気で叱ってくれる大人の忠告を聞きます。素直ではない、斜めの学生から見たら、イヤな大人でしょうね。でもそこで、自分のためを思って叱ってくれている、と考えられるかどうかです」

叱られる環境に身を置くことも重要だ。学生の中には、自分が失敗して叱られているのに、「何こいつキレてんの?」「熱くなってバカみたい」と他人事の学生がいる。「叱ってくれている」と考えられるかどうか。これもスキルであり、生活習慣なのだ。

「大学が就職のために教えるスキルは、資格取得、エントリーシート、面接、SPI対策など。これらも必要だけど、それは本当のスキルじゃない。先生に頼るのと変わらない。素直さこそがスキル」(前嶌社長)

学生時代に大きな失敗を経験すると、自分が素直じゃなかったことに気付く。素直じゃない学生は、失敗を経験していないのだ。成功するために何かにチャレンジする経験もしてきていない。企業も自分たちのことがわかっていないし、大学の先生たちにも素直さがない。企業が学生に求める「即戦力」「スキル」は、「相手のことを考える力」と「正しい生活習慣」。そしてそれは残念ながら現在の大学教育では、多くの場合、身に付いていない。前嶌社長の話を聞いて、そう思った。

第3章 偏差値が低くても、就職に強い大学はある！

大学の就職力は、経済学部の何割が金融業に就職したかでわかる

私は仕事柄、日本中の大学の就職データを見てきたが、そこで悲しい現実に気が付いてしまった。それは、「大学の就職力は、経済学部の学生の何割が金融業に就職したかでわかる」ということだ。

なぜ金融業なのか？　こんなエピソードがある。

先日ある大学で、社会福祉学科から大手都市銀行に内定した学生と話す機会があった。その学生の話を聞いて、私は驚いた。「金融機関で福祉の心を生かします」と言うのだ。あまりに非現実的な考えではないだろうか？

多くの大学が90年代の福祉ブームで福祉学科を作った。しかし、福祉業界、特に介護の世界は、薄給で激務であり、離職率も高い。偏差値の高い名門大学の福祉学科の学生の場合、勉強したり実習を受けたりしているうちに、そうした福祉業界の実情を知り、福祉業界に就職する気がなくなっていく。それよりも、有名大学のブランド力で、金融業界やメーカーに就職すれば、労働条件も良い。こうして、偏差値の高い大学の学生は、金融業界に殺到していく。ドラマ「半沢直樹」の影響で２０１４年度の就活は、さらに金融人気が

高まるだろう。

早慶上智の就職者のうち、金融・保険業界への就職率は以下のようになっている。

慶應義塾大学　経済学部30・1パーセント、商学部29・4パーセント、法学部26・9パーセント（2013年3月卒）

早稲田大学　政治経済学部26・0パーセント、商学部29・1パーセント、法学部23・9パーセント（2013年3月卒）

上智大学　経済学部は26・8パーセント（2005〜2009年の累計）

続いて、MARCHクラス。

明治大学　政治経済学部22・4パーセント、商学部26・3パーセント、法学部21・4パーセント（2013年3月卒）

青山学院大学　経済学部男子23・5パーセント、同女子34・5パーセント、法学部男子17・6パーセント、同女子30・1パーセント、経営学部男子23・2パーセント、同女子37・9パーセント（2012年3月卒）

立教大学　経済学部34・1パーセント、法学部25・2パーセント、経営学部19・2パーセント（2013年3月卒）
中央大学　経済学部24・3パーセント、商学部23・3パーセント、法学部20・1パーセント（2011年3月卒）
法政大学　経済学部23・2パーセント、法学部16・2パーセント、経営学部20・8パーセント（2012年3月卒）

このクラスまでなら、就職に強い大学と言って差し支えない。ところが、ここからが問題だ。

大東文化大学　経済学部社会経済学科11・6パーセント、現代経済学科10・1パーセント（2013年10月現在）
亜細亜大学　経済学部男子6・6パーセント、同女子10・8パーセント、経営学部経営学専攻9・0パーセント（2013年3月卒）
國學院大学　経済学部10パーセント、法学部9パーセント（2013年3月卒）
専修大学　経済学部経済学科12・5パーセント、経営学部経営学科7・9パーセント、

会計学科20・9パーセント（2013年3月卒）
東京経済大学　経済学部14・1パーセント、経営学部9・8パーセント（2013年3月卒）

ちょっと大学の知名度が低くなると、このように露骨に数字が下がる。

ここまで来ると、大学の宣伝とは裏腹に、就職に強いとは言いにくくなってくるが、さらに、もう一つランクが下、つまり金融業界就職率1桁台の大学がある。

これらの大学も、パンフレットには、有名銀行に就職した女子学生を登場させて、あたかも金融業界に強い経済学部や経営学部のように見せているが、現実は異なっている。

余談だが、地方国立大学の経済学部は、30〜40パーセントが金融業界に進んでいる。銀行へ行きたいなら地方国立大を狙おう。

もちろん、金融業界だけが優れた就職先であるとは言わない。しかし、この国には、いや、世界中がそうかもしれないが、誰もが口にしない、あるいは気が付いていないだけで、実際には学力による所得のランキングや職業差別観があること、金融業界はそれを顕在化させやすい世界であることを、知っていただきたい。

就職率の高い文京学院大学のキャリア支援

偏差値のわりにと言うと失礼だが、就職希望者の就職内定率が高い大学には秘密がある。文京学院大学キャリアセンターの石渡正彦キャリアセンター・社会教育センター統合長、坂本修一・本郷キャンパスキャリアセンター長に、お話を伺ってきた。

文京学院大学は、外国語、経営、人間、保健医療技術の4学部からなるが、人間、保健医療技術の2学部は看護や福祉など国家資格系の学科がほとんどで、言うまでもなく就職事情は良いため、今回は主に、外国語、経営の2学部について取り上げる。

文京学院大学では、キャリア担当職員は、ふじみ野キャンパス5人（＋非常勤2人）、本郷キャンパス8人（＋非常勤2人）の、合計13人（＋非常勤4人）で、1学年約1000人の就活学生に対応する。某マンモス私立大学が14人で4000人に対応していることを考えると、潤沢な人員だ。

文京学院のキャリア支援の特徴は、個別指導・担当制である。3年生の春から、学生一人ひとりに、キャリアセンターの職員が担当者として付く。キャリアセンターの窓口の相談は原則として事前予約制にしている。歯科医のように次回の訪問日を決め、週に1回は学生に顔を出させるのだ。

さて、気になる数字の話だ。２０１２年3月卒業生の実績で、大学全体では９４４人が卒業、７８９人が就職希望（83・６パーセント）、７３１人が就職（92・６パーセント）と、かなり良い数字である。

外国語学部は卒業１９７人、就職希望１５３人（77・７パーセント）、内定１３６人（88・９パーセント）。経営学部は卒業２０５人、就職希望１６５人（80・５パーセント）、内定１４８人（89・７パーセント）となっている。

ただし、外国語、経営の両学部とも、約40人は就職を希望しない学生がいる。彼らは、大学院進学、専門学校進学、家事従事、試験浪人などのほか、好きな音楽の道を行きたい、バイトが楽しいのでこのまま続けたいなどの理由で、就職以外の道を選ぶ学生たちで、ある程度はこうした学生は止められない。もちろん、「バイトが楽しいから、このままでいい」という学生は、担当職員が厳しい就職事情を説明はする。「極力、一般の就職希望にするように、話してはいます。学生は、接客のアルバイトなどが楽しいと、事務や営業は地味な仕事だと思ってしまいがちですが、それは、知らないだけなのです」（坂本氏）

自分探し、適職探しは、会社に入ってからでもできる。むしろ、フリーターを長く続けることでブランクができ、本当にやりたいことが見つかった時、正社員になるチャンスは減ってしまう。たとえ、知名度の低い中小企業であっても、ちゃんとした会社に正社員で入るべきだという指導をしている。

「さすがに、アルバイトやフリーターでいいと言っている学生も、秋になり、友達が次々と内定していくと、焦り始め、相談に来ます。『私に向いている会社はないでしょうか?』と話しかけてくれれば、しめたものです。秋であっても、長年お世話になっている会社や、欠員を募集している中小企業が結構あります。こうした企業と学生をマッチングさせていきます」(石渡氏)

2週間以上音沙汰がない学生には、電話やメールで連絡を取り、就職活動をちゃんとやっているかどうかを確かめる。実家の親に電話する場合もある。

「秋以降、個別サポートが活発化しますが、一番忙しいのは1~3月です。すでに3年生の就活も始まっていますが、4年生にとっては最後の勝負。まだ求人はあります。最後まであきらめず、粘り強く指導しています。『卒業式の前には』が合言葉です」(坂本氏)

1~3月も、とにかくあきらめない。そして、たとえ卒業し、4月になってしまっても、まだあきらめない。驚くべきことに、卒業後の4月に内定する学生もいるのだ。

「企業から、『こないだ卒業した学生はいませんか?』という問い合わせがあるのです。

キャリアセンターに直接お越しいただいて求人も来ます。『株主総会の前に急に人が必要だ』と、5月、6月にいきなり採用してくれる場合もあります。今の企業は四半期ごとの決算であり、中小企業の採用は流動化しており、追加募集も多い。中小企業は事実上、すでに通年採用なのです」(石渡氏)

4～6月に入社した学生は、長続きすると二人は言う。企業とは相思相愛の関係だし、苦労した分、ありがたみも知っているからだ。この時期に採用する企業も、まともな会社が多い。こうした会社を受けさせるために、カウンターで一緒にパソコンで企業情報を見て、納得させてから説明会に送り出す。

「学生には、就職ナビサイトだけではなく、『大学に来ている求人を見ろ』と指導しています。ウチの本郷キャンパスには900社からの求人が来ます。職員5、6人で、年間300社を年に2、3回訪問し、しっかり企業研究もします」(坂本氏)

坂本氏は、大手のナビサイトの就職活動がピークになる時期に、同時並行で中小企業も受けるように、学生を指導している。そこで中小企業の内定を取って自信が付けば、連続して内定を取るケースも多いという。

やる気のある学生への、プラスアルファのサポートもある。「キャリアサブゼミ」だ。2、3年生の希望者を集め、隔週で、職員や外部講師による講座を実施。2011年度は56人が参加した。いくつかのグループに分けてグループワークなどもする。

さらに、希望者50人を選抜した「営業研究会」という団体もある。営業研究会は、営業とは何かを教える勉強会で、企業で実際に行われている営業職研修プログラムを導入し、名刺の出し方から営業の心構え、ビジネスパーソンとしてのマインドセット、働く目的、講師の人生訓までレクチャー。スキルだけではなく入社後即戦力となる人材育成まで考えている。専用のテキストも作成し、体系的な指導を実施する。

「ボトムアップも大切ですが、やる気のある学生を伸ばす仕組みも必要ということで始めました。もともとは、女子大だった本学の、男子学生の就職支援が目的でしたが、今や参加者の7割が女子です。営業を叩き込んでいるので、すぐに辞めるような人材はいない。企業には『3年で辞めるようなのはいません』と言っています」（坂本氏）

女子学生で、営業大好き、インターンシップにも積極的に参加し、3月に5社内定、大手証券会社の総合職で入社した猛者《もさ》もいたという。

「営業研究会」は座学だけではなくグループワークも重視、シリアルナンバーが入った営業研究会だけのテキストの配布は、学生たちのやる気を引き出していく。営業研究会は3年次後期に週1回90分、10月から2月まで実施する。

「教育は息の長い仕事。男子学生がまだ企業で役職を得る年齢にも達していない、若い大学である私たちが高い評価を得るには、長い時間がかかると考えています。しかし、社会的な評価は先でも、目の前の学生の支援は直近の課題です。入社後、しっかりと力を発揮できるタフな人材を作っていきたいと考えています」（坂本氏）

誰も知らない新潟にあるスゴい大学

上越新幹線で越後湯沢の次の駅、浦佐《うらさ》（新潟県南魚沼市）に、国際大学（ＩＵＪ）という大学がある。

一般の知名度は限りなく低いが、全寮制かつ授業はすべて英語の大学院大学だ。世界50カ国から留学生がやってきており、日本人学生はわずか1割しかいない。

留学生はＪＩＣＡ（国際協力機構）やアジア開発銀行の奨学金を得たアジアのエリートや高級官僚などが多い。寮は単身寮と世帯寮があり、バストイレは個室、キッチンは共用だ。

ここに入学した学生は、世界中から来た仲間たちと同じ屋根の下で生活することで、異文化間でのコミュニケーション能力を向上させることができる。

勉強はとてもきつく、英語も大変なので、学生は徹夜もしばしば。毎日、夜2～3時ぐらいまでは勉強しているという。教員はほとんどがPh.D.取得者かビジネス経験者。修了生は110カ国3000人で、強固なネットワークを誇っている。

国際大学は同窓生の活動が大変活発で、なんと修了生3000人中、2800人は連絡先を把握しており、学生は互いにメールなどを出して連絡を取り合うことができる。

さらに、全修了生の半数にあたる1500名が、就職支援のアドバイザーとして登録、30カ国に40の支部があり、毎年東京で同窓会をする。

修了生が理事や評議員になる制度もあり、これも日本よりはアメリカの大学に近い。日本の大学は、修了生が大学経営に参加することを好まない風潮がとても強い。だから寄付金が集まらないのだ。

修了生は、自分のメールアドレスや連絡先を、データベースに自分の意思で登録。それを、在学生や大学側が見て、連絡を取る仕組みだ。

修了生にとってのメリットは、このネットワークを使って世界中でビジネスが円滑に運ぶという点だ。たとえば、いきなり中央アジアのウズベキスタンで仕事をすることになっても、同国にいる修了生（しかもその国の上流階級）と、事前に交渉や根回しができる。国際大学の修了生の就職先は、世界的な銀行や証券会社など金融機関、コンサルティング会社、機械・建設メーカー、医薬品業界などである。

大分県別府市に、立命館アジア太平洋大学（APU）という大学がある。授業の半分が英語、教員と学生の半数が外国人という環境が注目されているが、私はこの大学の教育の最も重要な部分は、学生寮だと考えている。

APUの学生寮は、異文化理解を深め、他者への思いやりを学ぶことができるのだ。学生寮「APハウス」では、日本人学生と留学生が共同生活を行っている。その人数は2011年10月現在で世界56カ国・地域の1184名で、2011年度の日本人の新入寮生は約250名。日本人の入居希望者の倍率は5倍ほどだ。

APハウスには、留学生の1年生全員が入居する。10万人もの留学生を呼ぶだけ呼んでおいて、彼らをアパートで独り暮らしさせ、孤独と差別を与え日本人嫌いにさせる、多くの日本の大学とは違うのだ。

APハウスは個室とシェアルームがあり、シェアルームでは日本人学生と留学生が二人一部屋に住む。部屋には仕切りがあるが、開けるか閉めるかは二人の相談の上で決める。

この寮には食堂がない。これは、三食とも大学の学食が利用できるためでもあるが、真の理由はそこではない。寮生20〜30人に一つずつ、共同の「コミュニティーキッチン」が設けられ、調理と食事のスペースがある。つまり自炊をして「同じ釜の飯を食え」と言っているのだ。

寮では、学生主体で様々な交流企画が実施されている。教職員による講演、学生が企画した温泉や観光地に仲間同士で行くイベント、寮内での語学学習や料理会など。日本人は異文化や言語を学び、留学生は日本語や日本の習慣を学ぶ。

ほとんど1年生しか住んでいないこの寮で、コミュニティーの形成に重要な役割を果たすのが、約60人のRA（レジデント・アシスタント）だ。

入寮経験のある先輩学生から選ばれた彼らが、後輩たちの面倒を見てくれる。そのフロアの交流イベントを企画し、新寮生がAPハウスで学習生活を確立するために必要な支援を行う。寮生は寮生活や大学生活についてRAに相談する。

この仕事ははっきり言って激務だ。事実上のフロアの管理人として、毎日、寮生の日常生活の面倒を見なければならないのだから。フロアごとに行われる月1回の会議は、日英2カ国語が用いられる。

寮生は365日毎晩、交代でコミュニティーキッチンの清掃とゴミ出しをする。RAは当番制で、各フロアから出されるゴミの分別が正しく行われているかをチェック。分別がちゃんとできていないとやり直し。キッチンは掃除当番の学生（日本人と留学生のペア）がピカピカに磨く。

日本の大学のほとんどは学生運動の時代に学生寮を廃止しているが、世界では大学は全寮制が常識である。寮で仲間同士が日常生活で学び合い、得られるものははかり知れない。

都会の名門大学は、確かに偏差値は高いが、学生は街に拡散してしまい、若者同士の濃密なつながりができない。

APUでは、イヤでも同級生や留学生との関係が濃密になる。留学生と積極的に交流していけば、彼らの母国に遊びに行った時、泊めてもらったり、さらに多くの出会いが生まれることもあるだろう。

これは良い面も悪い面もあるだろうが、学生の話を聞く限り、APUは「国際恋愛」がとても盛んらしい。こうした経験を若いうちにしておくことは、悪いことではないと私は思う。

真の国際化、グローバル化というのは、英語ができてビジネスがバリバリできるということだけでない。異なる価値観を認め、他者と理解し合える関係が築けることだ。

文系大学であるにもかかわらず、APU卒業生の就職先は製造業が最も多いとのこと。国際経験を生かし、グローバルなメーカーに就職して、世界の各地で活躍する卒業生を輩出している。世界展開する企業からは、留学生の多い環境で国際感覚のあるAPU生の評価は高い。

部下として使いやすい人材がいる大学

企業は、自己主張が強く、リーダーシップを発揮できる人材ばかりを狙っているわけではない。誰もが管理職になる必要はない。仮に三流大学出身でも、優秀で現場で気持ち良く働いてくれる「部下として使いやすい人材」ならば、企業も欲しがるはずだ。

産業能率大学と東京都市大学は、そんな企業にとってはありがたい大学といえる。

自由が丘にある産業能率大学経営学部は学生の半数が女子である。

なぜ女子が集まるのか。それはキャンパスの場所が、交通が便利な上、都会的でオシャレな自由が丘だから、というだけではない。自由が丘の街、音楽、イベント、スポーツ、ゲームなど、学生の興味を教材にした教育方針を取っているからである。

この学部では、3年次に「ユニット」という科目群を必修にしている。ユニットは「ショップビジネス」「自由が丘まちづくり」「心理・コミュニケーション」「メディアコミュニケーション」「商品企画」の五つで、一つのユニットの定員は約80人まで。

1ユニットに実践系2科目、理論系2科目が配される。たとえば「商品企画ユニット」なら「ビジネスプラン作成演習」「商品企画の実践演習」が実践系科目、「商品企画の基礎」「新事業推進におけるマネジメント」が理論系科目だ。

理論系科目は座学だが、実践系科目は自由が丘の街で実際にフィールドワークをしたり、グループワークを行う。

たとえば食品会社の人が来て、新商品の企画を提案する。すると学生は数人のグループに分かれ、街で取材をするなど、授業以外の時間に自主的に集まって課題に取り組む。グループ討議を経て中間発表、その後、最終プレゼンテーションに向けたグループ作業が続く。ここで商品プランをまとめ、グループごとにプレゼンテーションを行い、企業から評価を受ける。

音楽、ファッション、エンターテインメント、アミューズメントなど、10代の学生が興味を持ちそうな、面白そうな勉強からまず入る。業界の人が来て講義をしてくれたり、ワークショップをする。自由が丘の街づくりやショップ経営に参加する。そこから次第に経営学の学問的な内容へと進んでいく。こうした逆転の発想が、受験生の興味、関心を惹きつけたのだ。大学側が「ウチの用意したカリキュラムで勉強しなさい」と言うのではなく、10代女子が興味を持ちそうなことを入り口としているのだ。

産業能率大学は、「アクティブ・ラーニング」の大学である。教員が一方的に講義を行うのではなく、学生が主体的に学ぶことを志している。能動的に授業に参加し、行動を伴いながら学ぶ。それが学習定着率向上につながると考えている。

現代は、人によって正解が違う多様性の時代である。まさに、顧客ニーズをつかむための教育といえる。

たとえば、1年生のゼミでは、人の意見を的確に聞けず、人前でうまく話せない若者のために、人間関係を作り、共に学ぶ風土を作るためのグループワークをさせる。あるいは自分の考えをまとめ、クラスで議論やプレゼンテーションをする方法を学ばせ、社会人としてふさわしい言葉遣いや秩序などを身に付けさせる。

なぜグループワークを重視するのか。それは、企業社会では、組織で意思決定を行うからだ。

従来の大学教育は、一人でコツコツ勉強して、立派な研究者になるためのものである。大学教授を目指すならばそれでいいかもしれないが、企業で働く人間にとって、最適な教育システムか疑問である。産能大の教員の62・3パーセントは企業経験者であり、グループワーク、プロジェクト学習、企業実習などでは、企業での実体験を生かした教育をする。

同様に、企業と関係の深い教育をしているのが、東京都市大学だ。

以前私はこの大学の学生による「インターンシップ成果報告会」に行ったが、インターン先は東急グループの８社だった。

それもそのはず、東京都市大学は東急グループの学校法人なのだ。彼らが夏休みの２週間にインターンシップをした企業は、東急リバブル、東急百貨店サービス、東急レクリエーション、東急不動産、東急建設、東京急行電鉄など。

学生たちはパワーポイントを使って、「おもてなしの心と、お客様との信頼関係が重要であることを学んだ」「社員の方に人生相談などに乗っていただき、就職に対するモチベーションが高まった」「就業体験を通じて、信頼関係とチームワークの大切さを教わった」などと報告をしていた。単なる報告に終わらず、インターンシップ先の企業からテーマを与えられ、業務改善を提案する学生グループもあった。

面白かったのは終了後の懇親会だった。プレゼン発表をした学生と、大学関係者、そして各企業の人事・採用担当者が、一堂に会し、学生たちは、臆することなく企業人に話しかけ、名刺交換をしていた。こうした経験の中で、企業で働くことの面白さに目覚めていくのである。

この二つの大学に共通しているのは、トップエリートではなく、中堅人材を育成しようとしていることだ。

ネットエントリー中心の現在の就職活動では、誰でも有名企業にエントリーできる。しかし、実際に入社できるのは一握りだし、本当に自分が大企業での勤務に向いているかどうかはわからない。むしろ、現場で働くことの大切さ、接客の面白さなどを知ったこの二つの大学の学生は、「人に使われるプロ」になれるのではないだろうか。

実は、これは重要な能力である。なまじ大学時代にしっかり勉強したという意識があるばかりに、素直に上司や先輩の言うことに耳を傾けられない若者は多い。自分が否定されたと考えてしまうのだ。しかし、就業体験の中で、アルバイトとは違う社会人の世界を垣間見た学生は、「目上の人の話を聞く」ことの大切さを、理解できているのである。

金沢星稜大学の就職支援

学校に来たらいきなり散髪された……。どこかの高校の話ではない。金沢星稜大学の話だ。

もちろん、普段から、髪型に厳しい学則があるわけではない。学内での企業説明会に来る際は、服装や髪形、メイクなどを職員に厳しくチェックされるのだ。

時には、プロの美容師を呼び、無料でメイクやセットもする。

「だらしない学生は見た目で落とされますから、身だしなみを徹底しています。遅刻してくれば、教室にカギをかけて絶対に入れません。3回遅刻した学生は就職支援を打ち切ります。泣きながら訴える学生もいますが、容赦しません。社会はそんなに甘くないからです」

就職支援センターの堀口英則センター長はそう力説する。同大学の2012年3月卒業生の就職状況は、就職希望者の就職率が98・8パーセント、全卒業者中の内定者の就職率が87・5パーセント（全国平均60・5パーセント）と絶好調。就職希望者340人中336人が内定（自営業含む）、上場企業内定者67人（19・9パーセント）、公務員内定者25人、教職内定者13人、金融・保険内定者51人、JA等内定者21人、さらには、ANAのCA内定者も一人出た。

この大学の就職指導は以下の三つに集約される。

「3年生の秋まで就職指導をしない」「学生を厳しく指導する（身だしなみ、立ち居振舞い、遅刻・欠席）」「ひとたび就職支援が始まると、半年間で40回ほどの就職ガイダンスや就職合宿などを濃い密度で集中的に実施」だ。堀口氏は言う。

「学生には受ける業種・会社を選ばせません。受かってから選べ、どんな業種、どんな会社でも受けろと言っています。志望動機？　ひねり出すのです」

大学生が考える自分に合った業種・企業など、たかが知れている。たくさんの企業を受けるから、入りたい会社が見えてくる。説明会に100社行くのは当たり前。大学にはそういう雰囲気がみなぎっている。

「就活を一人でやらせないことです。自分だけで考えても、身のほど知らずの就活になることは目に見えています」（堀口氏）

一般的に就職活動は個人戦と思われがちだが、金沢星稜大のそれは、団体戦なのだ。面接に落ちて悔しい思いをしても、就職支援センターに来れば誰かが励ましてくれる、思いを共有してくれる、情報を提供してくれる。

「学生を絶対に孤立させません。卒業後も５年間はお盆と正月に必ず連絡を取り、近況を報告してもらい、転職・再就職の支援もします。同時に、勤務先企業の裏話も聞いて張り出し、後輩に見せます」（堀口氏）

同大学は、就職活動に親も巻き込む。「就職は親で決まる！」というパンフレットを作成し、「子育ては内定まで」と宣言。就職活動をしていない学生は、親を呼び出し、指導をする。

石川県金沢市にある同大学は２００３年度には定員割れしていたが、２０１１年度は定員４３０人に対し志願者数１６１０名と、奇跡の復活を遂げている。

目玉はＣＤＰ（キャリア・ディベロップメント・プログラム）だ。公務員、税理士、教員を目指す学生のための課外講座で、外部の専門学校の講師が来て、専門学校よりも安価に受講できる。

今では毎年約20人が公務員に合格し、税理士にも毎年数人が受かる。２０１１年度は新入生の半数近くがCDPに参加した。

経済学部はビジネス能力検定3級に合格しないと卒業できない。1年生のゼミは1クラス20人で週2回。しかもゼミには、検定試験の教員と、教育の教員の二人の先生が付く。

「入試改革もしました。優秀な学生に来てもらうため、入試科目を減らしたり、安易にAO・推薦・一芸入試に頼るといったことをせず、一般入試は3科目入試に、センター試験は数学を含む4科目入試にしたのです。CDPの特待生入試は、センターで取るから数学必修です。地元有名高校の、学力の高い層が来るようになりました」(堀口氏)

公務員試験に強い大阪経済法科大学

金沢星稜大学は、遠く離れた大都市圏の私立大学ではなく、家から通える地元志向の親や学生のニーズをつかんだ戦略が奏功しているが、有名私大ひしめく激戦区の都市部では、偏差値の低い大学はこうした地元アドバンテージがない。

そんな中で、就職に強い大学として戦略的に結果を出しているのが、大阪経済法科大学である。

大阪府八尾《やお》市にキャンパスを持つ同大学は、1971年設立と40年の歴史があるが、偏差値は経済学部44、法学部45（代々木ゼミナール）と決して高くない。

だが2010年度は20名が法科大学院合格、公務員採用試験合格者は49名にのぼる。就職希望者の就職率は92・2パーセントを示す。卒業生の就職率は63・6パーセントだが、これは法科大学院や公務員の浪人が多いためであり、しかも数字自体は全国平均61・6パーセントよりも高い。

公務員の合格者も、同ランクの他大学が警察や消防で数を稼いでいるのに対し、国家公務員Ⅱ種、東京特別区職員、奈良県庁など、地方公務員にも実績がある。公認会計士も合格者がいる。

目玉は「Sコース」という特修講座だ。

法職講座、公務員講座、会計職講座、大学院進学講座があり、専門学校の講師が大学の教員と連携して講義をし、受講料は無料。主に放課後に開講し、1年生は実に半数近くの学生が受講する。有料の資格講座もあり、ビジネス実務法務検定、FP技能士、販売士、ビジネス会計、Excel、Wordなどの講座を開講。これに加え、キャリア支援講座として、就職基礎学力対策講座、面接対策講座（自己分析・PR・模擬面接）、SPI対策講座、時事対策講座、ビジネスマナー講座が開講されており、とにかく就職させるためには、授業以外でも徹底して鍛える仕組みになっている。

これに加え、同大学は初年次教育にも力を入れている。1年生の必修ゼミは1クラス20人で、専任教員のほかに、サブチューターという専任職員と、メンターという2年生の先輩が付く。

サブチューターの職員は、90分の授業の一部を使ってキャリア支援制度の告知などをし、身近な社会人として、1年生に就職の準備をさせる役割を担う。2、3年生になると、教員のゼミのほかに、キャリアゼミというものがあり、外部講師なども交えて、就職指導をする。この制度をW《ダブル》ゼミと呼んでいる。こちらは必修ではないものの、多くの学生が自主的に履修している。キャリアゼミでは、自己分析やビジネスマナーを徹底して教育される。

「全員で起立して、礼の仕方を学んだり、人前でのあいさつや、お辞儀の角度、手の位置、ドアを開けて入る方法、イスに座るなどの振る舞いまで、徹底指導されました。授業はもちろんスーツ着用。靴もちゃんと磨かれているかチェックされました」

と、ある学生は振り返る。約15人で1クラスのキャリアゼミでは、このように身だしなみから自己紹介、自分の長所短所の分析まで指導される。グループワークやディスカッションで集団面接対策も指導。いきなりボールペンを渡され「これをお客さんに売り込んでください」とテーマを与えられ、発言させられることもあった。手ゴマを増やすため、受ける業界を絞るなと指導されるのは金沢星稜大学と同じだ。

「就職で苦労するタイプの学生は、しんどいことを先送りする傾向があり、心が折れやすい。キャリアゼミや就職合宿で仲間作りをすることで、意欲やモチベーションを上げます。一人だけで就活する子は、中途半端で終わりがちです」と、大学側は意図を語る。

3、4年生は全員がゼミに所属するため、ゼミごとにキャリア支援課の職員が担当として張り付き、全員の就職活動状況を把握。就職活動がうまくいかない学生は、本人だけでなく親に電話して指導もする。

30年前は、体育会系の勉強嫌いの学生ばかりが目立つ大学で、勉強に付いていける学生は少なく、授業で当てると翌週から来なくなる学生までいた。

景気が良かった当時は、それでも就職できていた。だが今はそうではない。

そこで、法曹や公務員といった進路別コースの導入、資格取得のSコースの設置、1年生ゼミでの丁寧な指導など、きめ細かい指導で「就職させる大学」へと変貌していったのだ。

「今の学生にはメンターが必要。先輩や職員がいると、教員に相談しづらいことも話せます。授業は1回でも欠席すれば連絡が行きます。職員にとっても学生の顔と名前がわかる。今の学生たちはおとなしくなり、タテの人間関係が苦手になりました。職員や先輩メンターは、それを補うのです」(同大学教員)

最強の女子大、武庫川女子大学

兵庫県西宮市の武庫川女子大学は、学生数8400人、短大を含めれば1万人を超える、日本一のマンモス女子大である。

1980年代後半から90年代前半、団塊ジュニアの人口激増期にバブル景気が重なって大学進学希望者は激増、文部省(当時)は多くの大学に臨時定員の増加を認め、各大学が学生数を大幅に増やした。これでは教育水準が上がるはずもない。

しかし武庫川女子大学は、当時、学生増の中でも、他大学に先駆けた担任制の導入、全員参加の体育祭や合宿研修、今では多くの大学で当たり前の1年生のゼミ、出席を重視した厳しい授業管理、学生の声を反映した教育の改善など、学生増加にあぐらをかく他大学とは正反対の、教育重視の視点を強く打ち出した。

クラス担任制や行事などで帰属意識を高め、仲間や教員との絆を強めた卒業生は、社会で活躍し、高い評価を得ている。90年代はマスプロ教育オンリーだった関関同立（関西、関西学院、同志社、立命館）など関西の名門大が、こぞって教育水準の向上に努め始めた今は、武庫川女子大のブランド力はやや落ちているとの評価もあるが、女子大らしい強みは健在だ。

学生の適応指導の一環として、昭和40年から毎年5月に、1年生全員参加の体育祭を行っていることも、大きな特徴だ。なかでも、学科単位で競う応援合戦は有名で、毎年遠方からも観客がやってくる。各学科では放課後や早朝、上級生が入学してきた1年生の振り付けを行い、学科別に創造性、演技力、まとまった集団美などを競い優勝を目指す。この練習を通じて友達ができ、またすごい団結力となり、力を合わせて成し遂げた時には、達成感を覚え、感動の涙を流す。この行事で仲間意識、帰属意識が育つ。OGでもある伊達萬里子健康・スポーツ科学部教授は、「上下関係が希薄になりがちな今だからこそ、先輩と後輩とが心でつながる体育祭の経験は、社会人になってからも生きてくる」と言う。

多くの大学が学生運動の時代を経て、学生による大学自治の仕組みがなくなり、学生の声が教育に反映されなくなった。そんな中で武庫川女子大は、常に学生の意見・希望を汲み上げる努力をしてきた。それが学科別幹事懇談会の実施である。

各学科には各クラスの選挙によって選ばれたクラス役員がいて、幹事として学科のクラス運営にあたる。その中からさらに学友会役員に立候補して、選ばれた学生は大学全体の学友会活動の運営・指導をする。それらの学生メンバーと、学科長を中心に、各委員の先生と、担任の先生とで懇談会を行うのだ。

この幹事懇談会で議論するテーマは学生が決める。たとえば、事務職員の学生に対する対応の問題点についてとか、カリキュラムの改善などについて議論した後、学生の要望や要求をまとめて学生部に提出、後日、学生の質問について担当部局からの回答を集計し、学科に返すことになっており、事務局にも配布し、それを改善の参考としている。

学生生活実態調査や学生による授業評価アンケート調査、卒業生に対するアンケート調査なども行い、良かった点、不足点、悪かった点、希望するものなどについて、結果をカリキュラムの改善、大学の運営や指導に活用している。

武庫川女子大学は、このように教職員を巻き込んだ学生の連帯感の醸成に特に力を入れている。これが同大学の高い社会的評価、学生の満足度の高さにつながっている。

今までの日本のほとんどの大学は、こうしたことを徹底的にサボってきた。キャンパスに孤独砂漠を作り出してきたことを、猛省すべきである。学生が就職できないのも、卒業生から寄付金が集まらないのも、進んで希薄な人間関係を作ってきた大学の自業自得なのだ。

もちろん武庫川女子大にも抱えている問題はある。

大学基準協会の最新の大学評価結果および認証評価結果（～2016年）によると、文学部の専任教員一人あたり学生数は45・6名であり、卒業論文が必修の文学部としては問題があると言わざるを得ない。学科によってはその数が60名近く、また、51～60歳の教員が37・2パーセントと年齢に偏りがある点も指摘されている。生活環境学部も同様に40人台後半の学科が多く、武庫川女子は女子大の多くが売りにしている「小規模で、アットホームな大学」ではないことがわかる。

関関同立が巨大化し、女子人気の高い学部が新設され、ライバルの女子大も改革が進んでいる。武庫川女子大を取り巻く条件が厳しくなる中、今後どんな手を打つのか注目だ。

なぜ名古屋の大学は就職に強いのか

政府統計の「学校基本調査」によると、私立大学に進学した愛知県の高校生のうち、実に8割が愛知県内の私立大学を選んでいる。なかでも、トップ4として君臨しているのが、南山大学、中京大学、愛知大学、名城大学の4校だ。

いずれも大規模な総合大学だが、就職実績は非常に良い。それは、名古屋がトヨタの城下町で製造業に強いということもあるが、それだけではなく、これら4大学は本当に就職支援の取り組みが充実しているためでもある。

2011年度の、卒業者から大学院進学者を除いた就職率は、読売新聞「大学の実力」(2012年7月5日)や文部科学省「学校基本調査」(平成24年度)によると、全国平均で74・1パーセント。

これに対し、愛知県の4私大は、南山83・1、中京80・0、愛知80・8、名城85・2と、いずれも全国平均を大きく上回っている。

なかでも、学生数約1万5000人を誇る名城大学が、就職率においては4私大で1位と目立つ。何が強みなのか。

最大の特徴は、個別指導担当制だ。文系学部と農学部ではキャリアセンターの職員一人が、200人の学生の担当となり、一人ひとりの学生にきめ細かく指導。理工学部などでは教員が同じように個別指導を行う。3年生の6月に全体ガイダンスをするが、7月には20〜30人の学生を集めたグループ面談を実施。ここで就職に対する意識付けをすると同時に、一緒に就職活動をたたかっていく仲間の顔合わせもする。10月からは個人面談をし、希望職種を聞いたり、自己PRや履歴書、エントリーシートのチェックなどをしていく。

担当職員による個別面談以外にも、キャリアセンターには企業の採用担当者だった職員が複数常駐しており、履歴書の添削から模擬面接、個別相談、電話による相談などに対応。各学部の就職委員の教員とも密に連絡を取り、ゼミごとに一人ひとりの学生の就活状況を把握する。なかなかキャリアセンターに来ない学生でも、こうしたゼミとの連絡を通し、キャリアセンターに来るように促す。1、2年生を中心とした「就職サポーター」という自主勉強会も発足した。

1年生からの意識付けにも注力している。

1年生のGW明けには、企業の元採用担当者職員によるグループ面談を実施。ここからキャリア教育が始まる。強制ではないが、まだ高校4年生のような意識の新入生たちは素直に参加し、1年生の7割が来るという。

卒業生との密な交流も名城大学の最大の売りだ。入社3年目ぐらいまでの若い卒業生を登録アドバイザーに、内定した4年生をジュニアアドバイザーに任命し、年間約800社の企業セミナーとは別に、卒業生と内定者によるブース形式の企業セミナーを実施。実に

140社もの企業が参加する。見ず知らずの社会人ではなく、同じ大学の卒業生や内定者とのセミナーは、学生にとって話しやすいものだ。担当職員、元人事担当者、教員、卒業生、内定者などの複数の人からの支援を受けながらも、自分で考え、行動していくように促す。名城大学のこうした手厚い就職支援が、高い就職率を叩き出している。

名古屋最大の11学部を擁する中京大学。就職実績において強調しているのは、公務員に強いこと。2012年度は国家公務員総合職（旧国Ⅰ）に8名が現役合格し、これは名古屋大学に次ぐ実績だ。

国家公務員一般職も15名が最終合格し、東海地区私大では1位。地方上級公務員は64名が現役合格など、大きな成果を上げている。

どの大学も公務員講座に力を入れているが、同大学は自称、他校の2〜3倍のボリュームを持つカリキュラムや、成績上位者には専用自習室を完備していることなどが特徴。4年間ずっと公務員試験の勉強ばかりではモチベーションが維持できないと考え、1年次には民法の勉強になる宅建（宅地建物取引主任者）、2年次には行政書士の資格取得を勧めており、宅建合格者は毎年200名を超えている。

大手企業・人気企業に強いのも特徴で、「サンデー毎日」（2012年8月5日号）によると、人気企業325社の就職実績では、中京大学は4私大では南山に次ぐ2位の実績だ。

キャリアセンター職員は、リーディング企業と定めた大手約400社を訪問。大学側が企業に営業をかけて、説明会に来てもらう。こうして公務員＋大企業に強いというブランドイメージを作り上げた。

中京大学は、名城大学とは対照的に、キャリアセンターの職員を学生の担当者制にしていない。代わりに力を入れているのは、キャリアカウンセラーによる演習形式の少人数講座「いつでも学べるシリーズ」だ。

多くの大学は大人数のガイダンスと個別面談しかしていないが、中京大はこの間にゼミ形式の講座を挟む。これは3年生を対象として2・3・4限に開催しており、学生は授業の合間の都合のいい時間に参加。初めて会う学生同士が、自己分析、自己PR、グループディスカッション、面接の練習などをする。学生同士のワークショップを通じて、自分の強みを見つけたり、過去の経験から得意分野を見つけたりできる。就職活動をする学生の7割がこの講座に参加する。キャリアセンターの提供する様々な仕組みに参加しなかったために結果が出なかったのは、学生自身に原因があると中京大学は考えている。

「支援はするけど指導はしない」。受動的な学生にしない、能動的で自発的な学生を作る。中京大学の学生数は約1万3000人。就職活動をしている学生は3000人弱いる計算になるが、動きを補促していない学生はいないという。

このゼミ形式の講座を始めたら、思った以上に学生がキャリアセンターに来るようになった。就活生の7割は来るという。面談も希望者が多すぎて、週2回、1回30分以内と制限するようになった。模擬面接は全部ビデオに撮って、それを見せながら指導している。

名古屋トップ私大として君臨する南山大学。メーカー・商社・金融に強いこと、大企業・上場企業が多いことが特徴だ。

なかでも金融業界には、2012年3月卒の就職者の実に22・3パーセントが就職。三菱東京UFJ銀行51人、大垣共立銀行30人、東京海上日動火災保険18人、トヨタ自動車21人、ANA10人など、著名企業に数多く就職する。

女子学生の多い大学なので、金融はほとんどが一般職ではないかと言われることもあるが、金融業界就職者は経済学部が男子35名、女子36名、経営学部は男子22名、女子38名、法学部は男子18名、女子46名と、男子も健闘している（2012年3月）。

学生は地域の代表的企業を目指す傾向が強いが、これは大学側が意図的に学生に金融業界や大企業を勧めているのではなく、学生の自主性に任せた結果、こうした企業に就職している。学生の６割は東海３県の企業に就職する。ただしこの数字は本社所在地なので、東京に本社のある大企業に就職しても、望んで名古屋勤務になる場合もあるという。

南山大学の就職支援の大きな特徴は、常に教員と職員がタッグを組んでサポートをしていること。

４年間、20人規模の少人数のゼミがあるため、一人ひとりの学生をしっかり把握することができる。学生個人のキャラクターや得意分野、苦手なことまで、教員がしっかり把握して、学生が成長するためにはどんなサポートが必要なのかを、一人ひとりに合わせて考えながら教育をしているのだ。

一方、キャリア担当の職員は、教員と一緒に会議をしてキャリア支援のプログラムを作っている。この両輪態勢が南山の特徴だ。

１９４６年創立と、県内最古の歴史を持つ愛知大学。同大の特徴は金融機関と製造業に強いことで、２０１２年3月卒業生の就職先は金融・保険業が15・5パーセント、製造業が14・6パーセントを占める。13万人を超える卒業生を輩出し、地域には役員、社長になった卒業生も多数おり、中部の経済界には非常に強い。

特に強いのが「信金王国」と称される、県内信用金庫への就職だ。

地元の各信用金庫における愛大出身者の占有率は10〜20パーセント台を占めることが多く、銀行においても10パーセント台のところがある。歴史と伝統、卒業生の活躍が確かな力となっている。

公務員に強いイメージも以前から打ち出しており、学科外の公務員講座が充実。もちろん一般の就職にも力を入れており、4年生には各学部に担当者となる職員を2名配置。学生一人ひとりの顔がわかる態勢で、良い求人があれば個人的に紹介するなどしている。

南山大学同様、教員とコンタクトを取った、ゼミごとのヒアリングももちろん実施。ネットでの就職活動ばかりが隆盛になった昨今だが、学生がいかに社会人と話せるかが重要と考える愛大では、「アナログな就職活動」こそが重要と考え、とにかくキャリア支援課に学生が来て、話し合う中で進路を決めていく。

キャリア支援課には就活中の学生の7割が足を運ぶ。模擬面接や履歴書の添削といった従来のテクニック的な就職支援ではなく、全体的な学生の質を高めることが重要と考え、愛大では入試から就職までを包括したキャリア形成検討会議を発足。教職員が共同で、教育、就職支援に加え、学生生活やサークル活動なども含めた、「包括的キャリア形成支援システム」の構築を目指している。

つい目先の数字から優劣を追いたくなるのが就職実績だが、実際の名古屋の名門4私大は、それぞれの伝統や特徴を踏まえ、個性的な就職支援態勢をそれぞれが構築することで、独自性の高い人材育成をしている。私も全国の大学の就職支援を取材しているが、この名古屋の4大学は突出している。関東や関西の名門大ではここまでの支援はしていない。

明星大学――1年生ゼミと勤労奨学金で学内活性化

近年、東京都日野市の明星大学の雰囲気が良くなっている。数年前は、建物こそ綺麗だが、大学の雰囲気はもっとどんよりしていた。なぜ明星大学は急に元気になってきたのか。理由は三つ。

まず、教育学部を開設し、「教育の明星」という宣伝を強化したこと。教育学部は偏差値が高く、大学を牽引している。だが、重要なのは、残る二つの方だ。

一つは「勤労奨学金」。教員志望が多い明星大学では、学業とアルバイトの両立が困難な学生が多いことから、学内でのアルバイトを推進。今は150人の学生が、入試や就職の窓口でアルバイトをしている。

もう一つは、1年生のゼミ「自立と体験」。すべての学部の1年生をシャッフルした、30人×67クラスのゼミを開講し、55人の教員に加え、先輩学生が授業アシスタントとして参加する。

この初年次ゼミでは、グループワークを重視し、自校教育をする。このゼミで学生たちはたくさんの友人ができる。

教育学部が大学全体のブランドイメージを上げる一方で、勤労奨学金により学内にリーダーとなる学生を育成、さらに、全員が初年次ゼミを受講することで、学生全体の質を上げていく。これらの取り組みは数年前から徐々に行われてきたが、急に歯車がかみ合い出して、目に見えて伸びてきた。

さらに大胆にも2012年度からは学費を20万円も減額。経営学部開設に伴う定員増で収入は補えるのだという。これで亜細亜大学や帝京大学と同額程度になり、東京経済大学や東海大学などと比べると安くなった。

残念ながら明星大学の就職状況は、リーマンショック後の2009年度以降、年々目に見えて悪化している。２００８年度は93パーセントだった就職希望者内定率は２０１１年度は77パーセントだった。しかし、変化してきた現在の学生たちが就活をする数年後には、この数字は回復してくるのではと私は期待している。

大学教育において最も重要なのは1年次の学びの動機付けだが、多くの大学ではこれがおざなりだ。大規模私立大学ほどその傾向が強い。結果として、中退や留年してしまったり、無為な4年間を過ごして就職できない学生が非常にたくさんいる。

もし、受験生が複数の大学で進学先を迷うようなら、明星大学のような、初年次教育が充実し、学内に居場所のある大学を選ぶと良いだろう。親子で大学見学をする時も、キャンパスの美しさや大きな建物などに目を奪われるのではなく、教育の中身に関心を持つべきである。

東日本国際大学――被災地の福島県で就職率100パーセント

福島県いわき市にある東日本国際大学。震災後、この大学は大変なことになっているのではと心配していたのだが、なんと、２０１２年3月卒の就職率は、１００パーセント。企業出身の敏腕キャリアセンター長が、とにかく全員就職させる！　という強い意気込みで熱心に就活支援に取り組んだ。同じいわき市でもいわき明星大学は就職状況が悪いので、これはすごい。

東日本国際大学は、学生の3分の1は主に中韓の留学生、3分の1はスポーツ推薦、3分の1が一般学生という、典型的な地方私大である。だが、これだけ福島原発に近いにもかかわらず（42キロ）、帰国した留学生はほぼ全員が戻ってきたという。

大学は定員割れだが、就職実績が良いことが知れ渡り、じわじわと追い風が吹いてきた。取材すると、学生たちは口々に、この学校ではいかにキャリアセンターが学生と距離が近いか、教職員が親身に自分たちの相談に乗ってくれるか、いかに先生が、授業でわからないことがあると、わかるまで教えてくれるかを、口々に私に話す。

緑川浩司理事長は、「本学は先生と学生の距離が近い。教授と友達になれる大学だ。人間関係を重視している。教員が学生の就職に責任を持つ大学だ」と言い切る。

キャリアセンター長の遠藤紀男氏は、「学生を4年間で伸ばすには、どうしたらいいのか。それは、先生がゼミを通して何を教育するのか、にかかっています」と語る。ゼミで課題を達成することにより、問題解決力が養成される。先生方がそんな授業に取り組んでいるからこそ、就職率100パーセントなのだと。キャリアセンターで個別指導を行うが、あくまで教育が原則であり、教員の協力が欠かせない。就職先は、福島県内は3割で、全国に就職していく。

筆者は先日、ある大学から、苦境に陥っていると相談され、コンサルティングのために訪問した。だが、話を聞く限り、その大学の経営者、教員は、学生を見ていない。やれ大学改革だと気勢を上げたはいいが、授業内容は相変わらずだし、就職の支援も中途半端だ。大学の主役は学生、という大前提を理解せず、経営者と教員のための大学に成り果てていた。

東日本国際大学は、そうした大学とは対極に位置している。

帝京大学――キャリアデザイン演習で学生を鍛える

帝京大学は、「キャリアデザイン演習」を開講している。このゼミは、特定の学部に所属せず、どの学部の学生も履修できる。2年生の12月に募集し、選考に通った約30人のゼミで、7ゼミを設置。3年、4年の2年間続く。

その中の一つ、伊東誠ゼミは現在8期目。仲間同士で支える「ピア・サポート」がテーマだ。3、4年合同ゼミなので、4年生のリアルな就活を3年生が目の当たりにする。全国約45万人の大学生と既卒者が、大手企業7万人、公務員8万人、中小企業19万人のイスを奪い合うのだとハッパをかける。単純計算で既卒抜きでも10万人があぶれるのだ。

伊東ゼミでは、マニュアル就活からどう脱却し、独自のアピールができるかを模索している。1分間スピーチをして何度も仲間からフィードバックを受けたり、グループディスカッションを工夫したり、エントリーシート対策をする。

伊東ゼミでは年3回の合宿をする。まず3年生のGW、これは親睦を深めるため。次に3年生の9月に就職担当職員やOB・OG・4年生も参加し、グループ討議や面接をする就職合宿。最後は4年生の卒業前の卒業合宿だ。普段の授業内容は、3限は時事問題、SPIのテスト、1分間スピーチ、グループワーク、グループディスカッション。4限はレポート作成、チーム会議、先輩からのフィードバック。授業内容は幹部会の週ごとの会議で臨機応変に決められる。

伊東ゼミは四つのチームからなる。一つ目の「幹部会」はゼミ長、副ゼミ長、書記、会計、渉外からなる。二つ目は、映像班とウェブ班からなるチームで、ゼミホームページを運営し、授業でテストした時事問題の解説やレポート提出、掲示板の管理をする。三つ目のイベントチームは飲み会やスポーツ大会、季節のイベントなどの企画・運営。最後はフリーペーパー作成班で就職情報誌を毎週発行する。

ゼミ生は必ずどれかのチームに所属する。1期生からのゼミ生が集まる総会を年1回開催するほか、帝京大学出身の経営者との交流会、他ゼミ、他大学との交流もある。総会は1期生から8期生の全ゼミ生にメールで案内され、学生は社会人の先輩からアドバイスがもらえる。初対面の人もいるが、全員が1分間スピーチをしているので、すぐに打ち解けられ、スピーチのフィードバックも受けられる。総会とは別に懇親会も年に1回開催される。このように鍛え上げられた伊東ゼミの学生たちの就職内定率は当然のように高く、電通の子会社や、名のあるメーカー、金融機関などに複数内定している。

帝京大学と聞いて、失礼ながら、就職に強い名門大学と考える人は、それほど多くないだろう。しかし、努力する学生に対しては、意欲ある教員が、こうした成功事例を日々作り出しているのだ。すべては自分次第ということである。

東北大学生協の公務員講座・教員講座・就職講座

三流大学ではないが、東北大学の公務員講座は、実に充実しているのでご紹介したい。講義は週4日、平日夜18時～21時10分まで開講される。定員は250名。

学習サポート態勢としては、筆記試験対策の講義に加えて、少人数に分かれて省庁を訪問し、先輩の話を聞き、働く様子を見学する1泊2日の「公務員業務研究セミナー」（9月開催）、中央省庁の職場を訪問・見学し、各省庁で政策課題や業務内容説明などのセミナーを受け、若手職員と意見交換もする「霞が関OPENゼミ」（12月、3月開催）、合格者の合格サポーターと一緒に合宿をして集団面接練習、懇親会、個別面接練習、集団討論練習などをして、合格者や受講者同士の交流を深めたりもしている。

早期からの二次試験対策に力を入れ、4年生の合格した先輩からアドバイスを受けつつ、模擬面接や集団討論を繰り返す。OB・OG活動も盛んで、集団討論対策、個別面接対策を徹底してくれる。

講義はすべてカメラで撮影しているので、休んだ時でも、DVDを無料で借りて視聴できる。

平成24年度の合格者実績は、東北地域の大学生協の合計で、国家公務員234件、地方公務員755件、国立大学法人等職員77件、警察官・消防官79件だが、国家公務員総合職22件が全員東北大生なのは言うまでもない。

受講生の内定実績（2013年度採用）だが、国家公務員総合職3名、国家公務員一般

職25名、都道府県庁・市役所143名などとなっている。これは実数であり、重複内定は含んでいない。

東北大生は、もともと基礎学力が高く、一般教養は十分なので、公務員試験勉強は3年生からのこの講座で十分である。むしろ1、2年のうちは大学生活を大いに楽しむことで、人間の幅を広げることを推奨している。

さらに東北大学生協では民間の就活講座も実施。10月、11月の2カ月限定で、有料で16コマ。2012年は70人ほどの参加者があった。3年生と修士1年生が対象で、夜に開講する。主に面接、業界研究、自己分析などが中心で、SPI対策はしない（東北大生には必要ないから）。

東北大学だから、どうせ頭が良いんだろう、公務員だろうが教員だろうが就職活動だろうが楽勝ではないか。そう思ったら、案外そうでもないらしく、ペーパー試験は良いものの、二次試験の人物評価を乗り切るためには、こうした対策講座は非常に有用であるとのことだ。

東京未来大学のモチベーション行動科学部

なんといってもこの大学の目玉は、２０１２年４月に開講したモチベーション行動科学部。この学部は日本初の「やる気」を科学する学部であると名乗り、経営学、教育学、心理学などを基礎とし、体験型の授業を重視している。

すべての新入生にあいさつ、礼儀を徹底的に指導。ノックの仕方から部屋の入り方、敬語の使い方まで、普段の生活の中でキャンパスアドバイザー（ＣＡ）の職員が指導し、身だしなみや言葉遣い、履歴書の書き方、面接対策までする。さらに、iPad ２を全員に支給。ＣＡ職員は学生一人ひとりと面談し目標を設定。達成度を一緒にチェックしていく。高校と同じようにクラスがあり、担任がいる。このクラス担任は、学習面で学生をフォローする。

この大学では95パーセントの授業が双方向型の「アクティブ・ラーニング」。授業では必ず1回は発言する環境を作り、先生や仲間と議論し、発表することで、積極的なプレゼンテーション力を付ける。対話型授業、グループワーク、プレゼンテーション大会、中学・高校での実習、企業でのインターンシップや連携プロジェクト、フィールドワークなどが多く、どんな人とでもコミュニケーションできる力を磨く。

この学部では、一人の学生に、なんと3人の先生が付く。

クラスごとに1名の教職員、CA（キャンパスアドバイザー）が配置され、学生一人ひとりと4年間向き合う。これに各授業の教員を加えると、3人になるわけだ。

CAは学生に目標を立てさせ、それを達成するために学習面、生活面でアドバイスをする。クラス担任は、主に学習面でのフォローを実施、科目の履修方法や勉強方法についてアドバイス。クラス担任とCAは頻繁に情報交換して学生個人を把握。これに、教育・研究での相談を担当する教員を加えた3者が、一人の学生を見る。

3年次には夏休み特別セミナーで資格取得講座やマナー講座、名刺交換会などのセミナーを実施。3年間のキャリアデザインの集大成として、スーツを着て模擬面接やグループディスカッションを行う「模擬就職活動セミナー」を開催する。こうして徹底的に指導してから、就職活動に送り出す。ちなみに、4年次には、学内企業説明会だけでなく、ジョブサポーターというハローワークのスタッフが来校し、幅広い職業を紹介する。在学中からハローワークが来る大学は珍しい。

まだ2年生までしかいないモチベーション行動科学部。この学部が成功するかどうか、私は固唾《かたず》を呑んで見守っている。

就職率50パーセントの武蔵野美術大学に学ぶ、自分で生き残れる力

平成24年度の卒業者1047名、就職希望者533名、就職者461名、進学者126名、その他（作家活動を含む）460名。就職希望者の就職率は86パーセントだが、卒業者から進学者を除いた就職率は、なんと50パーセント。これが武蔵野美術大学の就職状況である。

美術大学だから就職以外の人生を選ぶ人が多いのは予想が付くのだが、この数字を見たら受験生の親は不安になってしまうのではないか。そう思い、柴田葉子就職課長（取材当時）にインタビューを敢行した。

同大学では卒業生の半数が、フリーの作家活動に従事しているのが実態だ。

芸術家は名乗ればその日からアーティストだから、いろんなタイプがいる。日展とか団体展でやっていこうという人、現代美術作家を名乗り、既存の芸術の枠にはまらない人、画廊付きになる人。海外に行ったり、誰かの弟子になったり、非正規雇用の教員になったり。

就職希望者の就職率は年々良くなっている。卒業後の就職活動もケアするので、夏休み前にはおおむね決まる。同大学は進学、就職、作家活動と大きく三つの進路があるので、

一般の大学と就職率を競っても仕方がないと考えている。美術家も養成する、企業に勤める人も作る。そうした大学なので、世の中の基準だけで評価されても困るという。自分は会社に入って仕事をするか、本気で美術家になるか。学生時代に多くの学生が真剣に考えている。

企業からの求人は、リーマンショックや震災などの影響もあったが、2013年は復活気味。景気が良いと学生は就職志向になる。大学院進学もそれなりに多いのが美大の特徴で、修士の2年間で技術が上がるため、企業からはより評価される。

就職者の場合、美術を生かした専門職のデザイナーなどに7〜8割、一般的な総合職2〜3割という感じ。美大生が有利な点は、総合職にも美術職にも応募できるところである。

なかなか就職が決まらないタイプの学生は、それほどいない。あえているとすれば、スタートが遅い学生だ。作品に熱中して卒業後にようやく取りかかるとか。そのため、自己分析、業界研究、マナー、面接などのトレーニングが不十分な学生がいる。

しかし、そうした学生は作家活動に力を入れていたために準備ができていない場合が多く、エンジンがかかれば、実力を評価されて就職は卒業後でもできる。既卒でも、大手の子会社とか、制作会社など、業界のどこかには入れるという。むしろ、有名企業志向ではなく、自分が納得できる会社や仕事を選んで、そうした企業に行く学生もいる。たとえばゼネコンよりも、小さな建築設計事務所の方が好きだ、というような事例である。

美大は、自分の「フィット感」を大事にする学生が多い。デザイン性が高いとか、自分の嗜好に合っているなど、「こだわり」を持って会社を選ぶ。ただし、こだわりが強すぎるとなかなか就職が決まらないので、そこは広くとらえるように指導しているという。「フィット感」を大事にしすぎるのも考えもので、たとえばグラフィックデザインやウェブデザインの業界は大変なニーズがあり求人も多いが、意外と学生は行かない。社会のニーズと学生の嗜好にズレが生じている。ムサビ生が欲しいという求人は多いのに、満たしていないのが現状だ。大手メーカーからデザインや美術の専門職の採用枠で求人があるのに、意外に学生が応募しない。「みなさんが思っている以上に、社会は美大卒を欲しがっています。就職するなら苦労はしません」とのことだ。

現状では、3月ぐらいまでは大手ナビサイトを使い、その後、大学の求人を見る学生が多い。学生の中には、やはり就職か作家活動かで悩みながら就活を続けている学生もいる。作家になる学生も半数いるので、作家支援も重要だと考えているそうだ。

「アーティストとして成功するのは天文学的数字だ、などと放置することはできません。

本当に市場で食べていける、海外からも評価され活躍できる、そんな自立した作家を作るために、作家活動支援プログラムなどのサポート講座も始めています。先生方も授業を通じて、相当教育しています。外部の講師を呼んだり、自分の経験を話したりして、どうデビューしたらいいのか、ギャラリストとどう交渉するかなど、作家として食べていくことの厳しさや技術は教えています」

一方で、作家は長い目で見ることも重要だ。大学を出てすぐに誰もが売れっ子になるわけではない。ただ、こうした作家支援、起業、フリーランスを目指す学生の支援態勢は、就職支援態勢に比べて、大学としてもまだまだ取り組みは遅れている面はあるという。

「美大の就職先は実はＢ ｔｏ Ｂ企業が多いのです。教養ある美術家養成をかかげ、数学や物理、そして造形の基礎教育をしっかり学んでいるムサビ生は、この基礎力、教養が、社会で効いてくるのです。ですから、たとえ芸術家であっても、学力は大切だと考えています。一般常識があること、そして、造形の基礎教育。なぜ基礎が大切なのか。それは、最先端の技術はすぐに陳腐化するからです。1、2年生のうちはわりとしっかり教養を勉強するのは、そうした考えからです。学生から見たら、入学してすぐにやりたい勉強ができないかもしれません。しかし、本物の実力を付けないと、時代の変化には対応できないのです。ウチはアカデミックな大学であり、即戦力である必要はないのです」

実は武蔵野美術大学は「地頭勝負」の大学だった。これは驚きだ。

「企業に入る人と、フリーになる人は、能力差はほとんどありません。優秀な学生がどちらかに偏ることはないのです。こういう意味でも、就職を選ばず『その他・作家活動』を選んだ半分の学生が、優秀でないから就職できなかった学生ではない、ということは、しっかりと理解していただきたいと思います。大手に入る実力が十分にありながら、自分の意志で作家という人生を選ぶ学生もいるのです」

企業はわかってくれているという。フリーや非正規で活動しながら、遠回りをした人でも、優秀なら30歳でも就職できる。リーマンショック後に顕著なのは、親御さんの対応が変わってきたことだという。「安定を目指せ」「有名な企業に入れ」ではなく、「好きなことを仕事にしろ」「やってみろ」とお子さんを励ます親御さんが増えたそうだ。

美大卒で就職しない半分の学生は、一般の大学と違い、「就職できないダメな学生」ではなかった。専門性を持ち、自由な働き方が選べる美大生というのは、実は若者の働き方の理想像、将来あるべき姿なのではないか。

ある特定の分野に超強い大学に行く

二松學舍大学文学部は「国語の先生になる大学」を売りにしている。

卒業生は現職で3500名も中高国語教師になっており、教職希望の学生が多く集まってくる。国文学科だけでなく、中国文学科でも国語免許は取得できる。

「国語なら二松學舍」という評判が高校に定着しており、2011年3月卒は55名が中高国語教師になった。小学校の教員も7名おり、定員400人（在籍者約500人。専任教員40名）の学部だから、結構な比率だ。

岐阜聖徳学園大学も、教員養成に非常に強い大学だ。

全国的な知名度はそれほど高くないが、教員採用において極めて高い実績を誇り、平成22年3月卒業生の教員就職率は、全国48の国立大学教員養成学部と比較して第2位、教員正規採用率は第7位と、好成績を誇る。

同大学の特徴は「教員採用試験の筆記試験対策」「面接対策」「実技対策」である。

筆記試験対策は、学内で東京アカデミーの講師が、3年生の春から一般教養、教職教養、小学校全科、論作文の添削指導などをする。1、2年生の時期は、通常の科目を履修することはもちろん、教員採用試験の一般教養で落ちないために、高校の問題をちゃんと復習させる。さらに、面接では必ず「大学で取り組んだこと」を聞かれるため、クラブ活動やボランティア活動を推奨。旅行でも恋愛でも何でも精一杯大学生活を謳歌して、「面接のネタを作っておけ」と指導する。

3年生からは、全員が模擬面接をする。ビデオに撮り、それを見て直し、指導。

これが2010年度の教員採用試験で285人が合格（浪人含む）、2009年3月卒業生の教員就職率81・4パーセントという実績につながっている。ちなみに国立大学教員養成学部の平均は56・6パーセントである。

なぜ学力が上のはずの国立大学よりも実績が上なのか。それは、国立大学には、「国立大学に入りたい&教員になりたい子」が行くが、岐阜聖徳学園大学は「絶対教員になりたい子」だけが来るからだ。有名大学・国立大学だから来た、なんとなく教員免許でも取るかという中途半端な学生がいないのである。

奈良県の畿央大学も、小学校教員採用実績で全国トップクラスになる私立大学だ。畿央大学は2006年に教育学部を設置したばかりの新設大学である。

近年、多くの私立大学が小学校教員養成に参入した。しかし、大半は、目覚ましい成果を上げているとは言いがたい。そんな中で、畿央大学教育学部は平成22年春卒業の１期生157人中、なんと90人が小学校教員になった。

他にも、養護教員、公立幼稚園教員・保育士、私立幼稚園教員・保育士など、実に卒業生の82パーセントが教員や保育士となった。２期生も教員志望者は全員が合格した。

どうして畿央大学だけが、新設大学の中でもこれだけ驚異的に伸びたのか。

まず、学生のクラブ活動として「現代教育研究会」というサークルを立ち上げ、小学校の教室を再現した部屋を使って、模擬授業などをしている。また、２年生の希望者は学校インターンシップができるようになっている。１学科150人の学生を30人の教員が手厚く指導し、学生と一体となった教育をしたことが、結果につながったのだ。

首都圏では文教大学が教員採用者数で私大１位（小学校・中学校。朝日新聞出版『大学ランキング2011』）と、特徴ある大学として知られている。

文教大学教育学部にも、本当に教員になりたい学生だけが集まっている。学校教育課程の2010年度の卒業後の進路は、実に95・9パーセントが教員で、企業はわずか３・７パーセント、進学は０・４パーセントとなっている。教員養成課程は、国立大学の教員養成学部と同じく、小学校教員免許を取得しないと、そもそも卒業できないということがある。

3年次には「教員就職ガイダンス」というプログラムがあり、ここで30年来培ったノウハウを伝授している。学内で教職教養講座、小学校専門講座なども開講。模擬試験も実施。もちろん面接対策講座もある。

教採合宿ゼミではグループワークをする。論作文ゼミ、教育関係者講演会などがあるほか、壮行会も実施。対策講座ばかりではなく、一次不合格者・再受験者ガイダンスといった、教員採用試験に落ちた学生へのフォローも行っている。

このように、ある特定の分野に超強い大学に行くというのが、充実した大学生活と、確実に社会で活躍できる力を付ける上で、重要だ。

イギリスのノッティンガム・トレント大学の職業教育

本章の最後は、海外の事例を紹介したい。海外の大学の職業教育は目覚ましいものがあり、日本にとっても参考になる点が多い。私が注目しているのはイギリスのノッティンガム・トレント大学だ。なんでも、実践的な教育によりイギリスで最も高い卒業生の就職率を誇る総合大学なのだという。

同大学は、1970年代創立の国立大学で、2万5000人以上の学生を擁するイギリス国内4番目の大規模校。ビジネススクールやロースクールを含む9学部26学科、100を超えるコースがあり、なかでも演劇・ダンス・舞台芸術、コミュニケーション・文化・メディア研究、英語・英文学、フランス語、法学、医療関連分野の研究水準は、英国高等教育財政審議会（HEFCE）から高い評価を得ている。

ノッティンガム・トレント大学の教育は、将来のキャリアに必要な学術的知識と技能の習得と共に、学生個々のコミュニケーション、チームワーク、リーダーシップの素質を伸ばすことを狙いとしている。

「イギリスで最も高い卒業生の就職率」の秘密は、ワークプレイスメント制度である。

「ワークプレイスメント」（Work Placement）とは〝就労体験型学生派遣〟のことで、企業が在学中の学生を一定期間、派遣社員として有償で受け入れ、学生のキャリアにつながる就労の場を提供する仕組み。報酬を受け取ることができる上、通常のアルバイトでは経験できない実践的な職場体験が得られるため、学生の就業力の養成にも有効と期待されている。

期間は、短期（数日）のものから長期（1年間）まで様々で、受け入れ先の機関も私企業、政府・地方公共団体など多岐にわたる。入社後、即戦力を求められるイギリスでは、就職前に職業経験を積んでおくことは学生にとって欠かせないものとなっている。採用する組織の側も良い学生を選抜するためのリクルーティングの一環として位置付けている。

学生を受け入れたい企業は、大学のキャリア・サービスに内容・条件などを通知し、学生がその情報を見て応募する企業を選ぶ。また、受け入れ先のほとんどがホームページに情報を掲載したり、大学で実施する就職フェアで情報提供している。

ノッティンガム・トレント大学はイングランド、ウェールズエリアの卒業生就職率のトップを誇る大学で（2006年7月、HESA〔Higher Education Statistics Agency〕による）、卒業生の97・7パーセントは卒業後6カ月以内に就職しているか、フルタイムコースへの入学を果たしている。この成果は、同大学が世界の産業界のニーズに応えられるようにオリエンテーションを示してきた結果であるという。

専門的な分野を学べるコースが同大学の強みだそうだが、それは、日本の大学が考える専門教育ではなく、本当に企業で即戦力となる専門教育なのだ。これを日本でツイッターでつぶやいたら、教授たちに叩かれるだろう。

ノッティンガム・トレント大学は1年間の実務研修を行う大学のトップ3にランクされている（2004／2005年度HESAによる）。学部コースの70パーセント以上で実務研修の機会を提供しており、多くの学生は実務研修を行った結果、それぞれのキャリアにつなげている。同大学は世界各地の6000以上もの企業との交流があり、法人顧客の求める特定のビジネス方針に対応する教育およびトレーニングがデザイン、提供されている。

日本の大学の問題点の一つは、学生のアルバイトと授業が、学生の将来のキャリアを考える上で、まったく結び付いていないことである。ノッティンガム・トレント大学のような、将来の職業につながる就業体験を、大学での学びに組み入れている日本の大学は、ほとんどない。学校教育だけで自分の将来やりたいことが見つかるという幻想に、なぜか包まれているのが現在の日本の大学教育だ。

第4章 就活の行方

企業が求めるものに対して、具体的に考え、実行してみる

獨協大学の就職事情を聞きに行った時の話だ。同大学では基本方針として、ネットや雑誌、友達の情報などではなく、学生が自分で足を運び、目で見て、耳で聞くことを重視している。自分と社風が合うかどうか、経営理念に共感できるかどうか、約40年勤める会社なのだから、しっかり調べるようにせよということだ。

よく言われることだが、複数の内定を得る学生と、まったく内定が得られない学生の「二極化」が極端に進んできている。

この差は言うまでもなく意識の差である。獨協大学では、以下の3点をベースに、アドバイスしているという。

1. 自己分析を十分に行う
2. 業界・企業研究を十分に行う
3. 積極性・チャレンジ精神を持つ

特にダメなのは、「たぶん大丈夫」「どうにかなる」「まあいいか」と思ったり口に出す学生。彼らは実は気持ちがめげている。「絶対にやる」という気持ちを持った学生の方が成功する可能性が高いそうだ。学生は企業を評価する際、「やりがい」「自分の能力が生かせる」などを基準にするが、本当は同じぐらい「大企業である」ことを重視しているという。

一方、経営者が新入社員に求める資質はコミュニケーション能力や課題解決力だが、この力が学生と企業でまったく解釈が違う。

学生は、コミュニケーション能力を「友達同士で仲良くする力」だと思っているが、企業が考えているのは「相手の気持ちを察する」力である。

なぜこの力が重要か。それは、相手の気持ちを察することができれば、相手を安心させることができるからだ。それが信頼につながる。

これは、クライアント相手でも、社内の意思疎通でも重要だ。

ところが多くの学生は「人と話すのが苦手」だと言うのだ。

獨協大学の話が面白かったのは、これに具体的な対策を考えていることだ。それは、人と話すのが苦手な人はしゃべる話題がない、ないのなら作ればいいというものだ。

そこで、日記を書くことを推奨している。気付いたこと、感動したことを日記に書いておき、後日、ジャンルごとに清書する。こうして話題ができる。そう、文字通り「話」の「題」。つまり話すネタだ。話すネタがあれば、自信が付くし、説得力がある話もできる。

このように、「人と話すのが苦手」は訓練で克服できるのだという。コミュニケーション能力も同様に、「相手の気持ちを察する」ことを、訓練して磨いていくことができる。

これであれば、中学生・高校生のころからでもできるだろう。

では次に企業が求める「課題解決力」とは何か。企業はそれを見るために、

「今までの人生で（あるいは学生生活で）最大のピンチは何でしたか？」

「何がどのように大変でしたか？」

「それをどう克服しましたか？」

「その体験を将来にどう生かしますか？」

と聞いてくる。これは、問題・課題の発見↓解決↓将来活用の能力を見ているのだ。企業が知りたいのは、目的意識が明確かどうかだ。

1．働くとはどういうことか
2．当社を希望した理由は明確か（同業他社との比較）
3．入社希望者の中で、なぜ自分でなければならないのか？（自己ＰＲ）
4．自分が入社したら、企業はどう変わるのか？（やりがいや夢の実現）

もちろん、大学1、2年生のうちから、焦ってこんなことを熟慮することはない。いずれ「自分を説明する＝自己分析」がきちんとできるように、将来の自分をイメージすること、キャンパスライフを楽しむこと、充実した学生生活によって新たな自己を発見すること、人として成長することが大事だ。その結果、道が見えてくる。

人材コンサルティング会社のリンクアンドモチベーションが学習塾の講師を対象に「高校生のうちに身に付けた方がいい素質」について、アンケートを取った。すると、上位には「コミュニケーション能力」「一般常識（人としてのマナー）」が挙げられたという。「ストレス耐性」も重要だ。企業は打たれ強い人を好むからだ。

大学は、学問を通じて、ものの考え方（方法論）や自分の考えを相手に正しく伝える（コミュニケーション・プレゼンテーション）能力を鍛錬する場である。ゼミやサークル活動なども協調性やリーダーシップを養成する場であり、そこでできたネットワークは財産となる。

結局は学力勝負なのか

就職人気ランキングの上位に来るような、日本を代表する企業、あるいは、急成長している有名なベンチャー企業などの人事関係者に取材すると、彼らは露骨に、「学歴は仕事に影響する。上位校を採りたい」と言う。

たとえば一部の金融系企業や商社などは、リクルートが開発した就職試験の適性検査である、ＳＰＩ総合検査（現在のバージョンはＳＰＩ３）のハードルが非常に高い。

いくら面接で受けが良くても、ＳＰＩの点数が悪いと落とすそうだ。

「入社５～10年目で、マネージャークラスになっている人間を調べたら、ＳＰＩの点数が高い人が多かった」とその会社の人事担当者は言った。企業が求める能力は、受験の偏差値、点数などと比例しているというのだ。

そして、もし運良く、入社できたとしても、会社によっては厳しい序列がある。

ある銀行を例に挙げてみよう。天下の○○銀行に内定というと、それだけで尊敬されそうだが、実際には、内部ですさまじい格差がある。

まず、一番上位が、「ホールセール（通称ホール）」と呼ばれる本社の投資部門。大企業、政府、機関投資家などを相手に大口の預金・貸し付け業務、為替取引等の金融業務を取り扱う花形部署だ。ここは東大、早慶、一橋ぐらいしか入れない。

二番目が総合職だ。ここは早慶、MARCHクラスが入る。ごくまれに優秀だと日東駒専クラスもここに入れる。

三番目が地域総合職、かつての一般職だ。ここは女子大が多く、地方私大であってもチャンスはある。この銀行の場合は、1年で新入社員の3割が辞めるような部署だ。

一般的には、銀行に離職率が高いイメージはないだろうが、現場はこうなっている。銀行がある程度知的な集団であることは確かだろうが、その内実は、すさまじい格差社会なのだ。

さらに、最近の企業は、出身大学ではなく、出身高校を見たがる傾向がある。

それは、良い高校から中堅大学に入った学生は、基礎学力が高い上に、反骨精神や上昇志向が強い傾向があり、「使える」からだ。MARCHや日東駒専の上位層である。結局は、地頭勝負なのだ。

学力がない学生は、こうした一流企業に入るのは難しいのだろうか？

筆者の印象としては、第2章で紹介した事例のように、大学時代にアクションを起こすこと、特にインターンシップ経験が大事だと思う。

複数の企業関係者に聞いたところ、学力採用組と、行動型（営業型）採用組になんとなく分けている会社もあるという。三流大学の学生は、自ら学生時代に努力して「行動型」になればいい。

この行動型に求められるのが、企業が口を酸っぱくして言い続けている「コミュニケーション能力」だ。第2章の学生たちが「後天的に」身に付けた力である。

ある企業の人事担当者は言う。「インターンをがんばったとか、合コンをがんばったとか、学外活動に力を入れている学生は、社会人とのコミュニケーションの量が多く、使い物になる」

地頭で「勝てないレース」に参加するよりも、違う世界で勝ちに行くこと。大学までは、学力だけが人間の価値を決めたかもしれないが、大学生になったら、自分で行動を起こせるかどうか。学力ではなく行動でしか勝負できない多くの普通の大学生は、大学入学後の活動で評価されるのだ。大学は実践の場なのだ。

　国内初のソーシャルメディア採用支援特化企業である、株式会社ソーシャルリクルーティング代表取締役CEOの春日博文《かすがひろふみ》氏は言う。

「行動派の学生はB to B企業は難しい。私はB to C企業を勧めている。直接お客様に接してモノを売る会社ならこうした学生は得意だが、法人営業など高度な戦略が求められる仕事は、結局は地頭勝負になる」

　さらに、B to B人気企業は「見た目」を気にする。たとえば、コンサルティング会社の場合、自己紹介する時に三流大学出身だと、相手の印象はすこぶる悪い。

　企業は人気ランキングは非常に気にするし（金で買っている会社もあるとうわさされている）、大学が受験者数を増やしたがるように、企業も受験者数を増やしたがっている。企業が派手な宣伝で受験者数を集めるのを、同じことをしている大学が責めることはできまい。

　青田買いも同様だ。2014年3月現在の大学2年生、つまり2016年入社組からは、経団連の意向により表向きは就職活動の開始時期は2015年3月となる。だが、実際には2014年の夏、大学3年生の夏のインターンシップで、大企業は囲い込みを始める可能性が高い。そして3年生の秋には、実際の選考に近い形でのスクリーニングは終了する。

バカを見るのは、就職活動が一斉スタートだと信じ込んで、翌年3月から動き出す三流大学の「行動力のない」学生たちだ。

こうなってくると、3年夏のインターンシップも、大学名で切られるようになってくる。三流大学の学生はどんな工夫をしたらいいのか。そこで行動力なのだ。待っていても自分の大学に有名企業からのインターンの誘いはやってこない。そこで、自分で取りに行くのである。

その会社に電話をする、実際に訪問してみる、卒業生がいないか大学のキャリアセンターで探すなど、何とかして入りたい会社のインターンにもぐり込む工夫をすればいいのである。が、行動力のない学生はこれをまったくしない、動かない。

これは地頭の差だけではない。行動力の勝負においても、すでに負けているのだ。

一流大学生の多くは、しょせんは大学受験と同じ「答えがある世界」が得意な連中である。彼らに勝つには、答えのない世界の行動しかないではないか。

企業だってそういう人材を少しは求めているはずだ。今までの教育は「正解がある」「逸脱してはいけない」「あれをやっちゃダメだ、これをやっちゃダメだ」の世界だった。

しかし、大学生になったら、就職活動をするなら、そういった学校教育のルールに縛られないサバイバルレースに参加していると心得るべきだ。たたかい方に正解などない。

自分で起業してしまうのも手だ。

そもそも、企業は大学の偏差値のようにピラミッド構造になっている。少なくとも就活市場ではそうだ。だが、起業経験がある、社長をやっていましたと言えば、このピラミッドから外れた存在となる。第二新卒や中途採用などの転職市場では価値が高いはずだ。起業してから会社を潰してどこかの会社員になっても良いではないか。チャレンジしたこと、その経験に価値がある。企業は評価するはずだ。有名企業ではない会社は、業務内容が良くても、待遇が良くても、知名度ゆえに良い学生が集まらず苦戦しているところも多い。そういう会社を探して、自分らしく活躍できれば良いのではないか。

今後は転職もごく当たり前の光景になってくるだろう。そういう世界で重要なのは、会社の名前でいばるのではなく、個人の力。大学のあり方も変わっていくだろう。もっと専門学校に近い、職能教育をする大学が、下位校を中心に増えていくはずだ。

ピラミッド構造から、自分で意図して外れること、勝てもしない競争に参加しないことこそが、中堅大学生の自分らしい就職への近道だ。大学までは学力のランキング（=偏差値）だけしかないが、社会は多様だ。自分のピラミッドのナンバーワンになればいいのだ。

もし地頭ルールの世界だけで生きている親や学校の先生が、それを自分に押し付けてくるとしても、そんな負けるレースに参加する必要はない。産業構造は変わって、企業の採用のあり方も変化してきている。同じ会社の同じ採用なのに、実は学力組と行動力組を分けて人数を決めて採用している会社もあれば、アメリカのように初めから職種別採用をする有名企業も登場してきている（銀行の格差はある意味以前からこれをやっていたようなものだ）。

やはり、大学側が、早くこうした変化に気付いて、学生支援の仕組みを変えることが重要だ。高校から大学に上がるタイミングで、学力ピラミッドから外れる、行動力で勝つ方法もあると学生にレクチャーしないと、中堅大学から有名企業を受け続ける流れが変わらない。大学教員は有名大学を出ているので、なかなかこれがわからない人もいるが、学生が行く企業を見てほしい。そこに合った教育や就職指導があるはずだ。

ネット就職活動をやめた大手企業

２０１３年２月24日付の毎日新聞によると、ロート製薬（本社・大阪市）は就職情報サイトによる募集をやめ、2014年度採用からは原則として直接会った学生がエントリーシート（ES）を提出する方式に変えた。

同社は、ネットの採用活動をしていたころは、学生のエントリーは2万〜3万人にものぼったが、面接できるのは1000人以下。一方で、6000〜7000人程度を対象に説明会の案内をしても、参加率は5〜6割程度にとどまっていた。同社は、「会えば魅力がある人かわかるのに、それまでに人数を絞らなければならない。ロートに思いを持った人だけに会う方法はないだろうか」と考え、新しい採用の仕組みを検討した。それは、応募を電話で受け付けるように変えたことだった。

仲間とのやりとり以外は電話応対の経験がほとんどない学生が、企業に電話をするのは、ハードルが高い行為だ。応募者は当初、800人程度に激減。2014年度採用はさらに方法を変更し、10月末から11月にかけて、社員と学生が働く意義を語り合う「仕事対談」を開催。12〜2月には、関西や首都圏を中心に全国の大学約30校で学内セミナーに参加し、直接会った学生からESの提出を受けられるようにした。セミナーを開かない大学の学生からは郵送でESを受け付け、2014年度分は終了した。

大学生が就職できなくて専門学校に入り直す事例が増えている

就職活動で企業の内定を得られなかった大学生が卒業後、専門学校に入り直すケースが増えている。文部科学省の学校基本調査（速報値）では、大学卒業後に専門学校に入学した学生は約2万人。こうした学生を対象に、エントリーシートの書き方指導、自己分析、面接練習をする1年制のコースを設置する専門学校もある。

大原学園の専門学校生たちは、普段から校舎内では名札を付けている。礼儀作法などは厳しく教育しているそうだ。在籍者数は2万4000人近く、マンモス私立大学並みだ。大学生が自由を謳歌している時、大原に入った学生たちは、担任と40人クラスでスパルタ教育を受ける。就職支援は、正社員で内定させる、学生の「幸せな就職」を支援するのが目標。大原学園の学生の7割は高校からの現役進学者で、大卒・短大卒が2割、フリーター・その他からが1割と、おおむね高卒者のための専門学校である。そういう意味では、大学とは受験市場で競合しているといえる。

大原学園の広報営業本部の堤敦氏いわく、「大手企業、上場企業も、専門学校枠で採ってくれる」とのことで、ほとんどの学生は学校に来る求人で就職が決まり、ネットの就職サイトはほとんど使わない。

大学との大きな違いは、担任である講師が、「就職させるのが仕事である」と認識していることだ。毎朝、昨日来た求人を、クラス全員に担任の先生が配る。大学では想像も付かないことだ。

担任講師たちは資格取得の授業の専門家だが、就職の専門家ではない。しかし大原では、就職部が担任たちに対し、就職教育をする。そして、すべての担任講師を、学生の就職支援の専門家にするのだ。

大原に入った学生は、最初の2カ月で全員が簿記2級を取る。ただし、どうにも学力的に厳しい学生は3級に変更する。この課程で、みっちり勉強するクセと、高校時代にあまり付かなかった「自信」が付くのだという。これは全員を成功体験に導くのが目的だ。しかもできるまで教えるので、先生も帰れない。最初の2カ月は夜10時ぐらいまで、先生は学生がわかるまで毎晩教える。そのうちに、学生たちは自然に、学生同士で学び合うようになるそうだ。

御茶ノ水にある東京デザイナー学院も、特徴的な教育をしている。北代《きただい》雅典課長に伺った。同校の教育の特徴は、「教育イベント」「産学協同」の二つ。

教育イベントとは、東京ビッグサイトや幕張メッセなどで開催される、デザインやゲームなどの大規模な展示会などへ出展するもので、社会に出る前に実際のところを経験してみよう、という目的だ。

産学協同とは、様々な企業の商品開発に、企画段階から関わって勉強しようというもの。同校には12学科があり、イベントの参加などでは、希望者の学生を募り、会場作りから、仕事がどう進むのかを、学生間の交流を通して学ぶ。ここで自信が付いたモチベーションの高い学生が、周囲の学生をも変えていく。

産学協同の企業側のメリットは何か。それは、商品開発において、実際にデザインを学んでいる学生の力を借りられることだ。学生の案を買い取ることもある。専門学校のゴールは就職である。そのため、学校の方で優秀な学生を選んで産学協同に参加させる。学科全員が関わる企業もある。

2013年現在、快調なのはゲーム関係の学科だそうだ。

ゲームクリエイター科は、即戦力を作るので、わりとすぐに採ってもらえる。ゲーム業界はインターンや産学協同も盛んで、ソーシャルゲームの流行による慢性的な人手不足の中、1日1件のペースでインターンの誘いが来る。

ゲームクリエイター科は、1学年100人中40人はインターンに参加する。期間は2週間から3カ月。学歴は一切関係ない。１００人中75人は就職し、そのうちゲーム業界に入るのは、60人くらい。

5年ぐらい前は、就職率が20～30パーセントの時代もあった。そこで就職対策を考えて、グループ制作を増やしたり、ゲームショーに出展したり、企業から依頼を受けたりするようにしたのだという。

「ゲームの専門学校はたくさんあるが、良い学校を見抜くには、学生の作品を見ればいい。特に学生のポートフォリオだ。質の高い作品を学生が作れているかどうかは、ゲームに目が肥えた消費者である高校生ならわかるだろう」（北代氏）

同校の就職センターは、学生が勝手に来るのを待つのではなく、学生を呼んで1対1で対応することにしている。全員がポートフォリオを展示する「わたしのしごと展」を6月7・8日（２０１３年度）に開催し、企業にも来てもらう（２０１２年は１４０社を超える企業が学生にアドバイスを行っている）。これは卒業学年である2年生が対象。就職活動のイベントであるし、ポートフォリオをなかなか作りたがらない面倒くさがりの学生もいるので、このイベントを開催することで全員に作らせるという狙いもある。

就職を目的とした専門学校の指導には、多くの学生を就職できないまま放り出している大学も、見習うべき点があるのではないか。

中小企業への就職に前向きな若者たち

若者の人材育成による地域活性化を進めるNPO法人G-net（岐阜市吉野町）は、若者の就職意識の実態をとらえるため、岐阜県の大学生約100名に行った就職活動についての実態調査をまとめた、『岐阜「中小企業と若者」就職白書 vol.1』を2012年10月22日に発行した。

2005年から6年間で約3万3000人の人口減少が予想された岐阜県では、特に20〜30代の若者の流出が問題となっている。その大きな理由は、若者の大企業や都市圏志向だ。今の若者は都会に憧れて出ていくのではなく、仕事がないからやむを得ず故郷を離れてしまうのだ。

しかし、本当に地元に仕事はないのだろうか。若者と企業のミスマッチを解消する動きが、地方から始まっている。

G-netは、その実態を探るため、岐阜県内の大学生へのアンケートを通して、大学生の就業意識と、実際に行われている就職活動、地域社会との関係を調査した。

まず、若者は本当に大企業志向なのかという点だが、アンケート結果によると、若者の89パーセントが、中小企業への就職を検討している。中小企業への就職を視野に入れているかという質問に対し、「入れている」72パーセント、「多少入れている」17パーセントという結果になった。大企業志向という認識と異なる結果だ。

続いて、若者は中小企業に悪いイメージを持っているか、という点。「企業について調べる上で大事にしていること」上位3位は「仕事内容」「やりがい」「職場の雰囲気」という結果になった。中小企業のイメージに関する質問では「成長できる」「アットホームな雰囲気」「仕事にやりがいがある」などの項目がプラスであることから、若者の多くは中小企業に良いイメージを持っていると考えられる。

では、若者は中小企業のことを知る機会があるのか。これは、圧倒的に少ない結果となった。岐阜県内の企業数約8万3000社のうち、学生の大半が利用している就職サイト「リクナビ」「マイナビ」の掲載数はその約0・2パーセント。岐阜大学の学内求人情報では、掲載企業1845社中、岐阜県本社企業は161社。求人内容も、学生の大事にしている「仕事内容」「やりがい」「職場の雰囲気」には触れられていない。岐阜大学で開催される学生企業展に参加する企業は156社、うち岐阜県本社の企業は23社であった。

大学生も本当は、地元の優良企業、中小企業に就職したい。だが、その接点がない。地方の学生たちは、何を使って会社を探しているのだろうか。

このアンケートでは、会社を調べるために利用したツールは、「マイナビ」89・6パーセント、「リクナビ」86・8パーセント、学内求人情報19・8パーセントで、行政・ハローワーク各10パーセント以下。つまり、学生の9割は就職ナビサイトだけで会社を探し、大学にあるキャリアセンターに行く学生は2割以下だった。

こうした状況では、学生と地元中小企業は出会えない。

そこで、岐阜大学が勧めているのが、「地域協働型インターンシップ」だ。

工学部社会基盤工学科の髙木朗義教授（防災環境計画）らが開講するこの科目では、大学の長期休暇期間（春休み・夏休み）に、岐阜県の地元中小企業などで、1カ月の実践型インターンシップをする。地域おこしの活動、地場産業の活性化の現場で、実際にマーケティングリサーチや広報プロモーションなどに携わることができる。地域・社会課題を知り、その解決に向けて大学生自身がプロジェクトとして取り組むのが特徴だ。

単位にはならないが、授業を履修していない他大学の学生も参加できる。単なる職場体験で終わらせず、地域商品のマーケティングリサーチ、販売経路開拓、顧客のヒアリング、アポ取り、営業などに取り組み、大学で学んだことや自分の力をビジネスの現場で試すことができる。

しかも、中小企業では、インターン生は企業の仕事全体に関わり、社長とも身近に接する機会がある。大企業でのインターン以上のものが学べるのだ。

学生は事前説明会で綿密に企業とマッチングをする。経営者や従業員、地域社会の様々な大人と関わり、実際の仕事に従事し、働く経験を通して、自分の進路や仕事選びなどの将来にわたるキャリアについて学べる。さらには、地域を支える仕事や地域社会を支える取り組みを知り、地域の成り立ちを学ぶことを通して、社会における自分たちの役割を考え、これからの大学生活に対する目標を明確にしていく。

インターンシップ先企業は、日本一の「枡」生産地の大垣市の「大橋量器」、衰退の一途をたどる醤油メーカーの中で、成長を続ける醤油メーカー「山川醸造」、岐阜県関市を拠点に地域活性化フリーマガジンを発行する「ぶうめらん」など、小さくてもキラリと光る企業やNPO団体だ。

参加学生たちは、事前、中間、事後の合計18時間の研修に加え、最終報告会ではプレゼンテーションをする。多様な大人が関わりながら地域課題に取り組む現場に触れ、地域の課題や成り立ちを学び、課題解決に向けた事業の一端を担うことで、実際に問題を解決していく力を養う。課題を抱える地場産業や街づくり団体の存在を体感した学生たちは、おのずと、地元優良企業を自分で探すだけの実力が付いているのだ。岐阜大学生の約4割は岐阜県内出身者。地域貢献したいと思う学生を増やすことが、岐阜県の発展につながるのである。

大都市部での取り組みとしては、兵庫県神戸市の流通科学大学の事例が注目される。流通科学大学は、同志社大学、法政大学、明治大学など17大学25ゼミ115チーム368名（2011年度）の学生たちと共に、「スチューデント・イノベーション・カレッジ（通称『Sカレ』）」というイベントを開催している。

イベントに参加する企業は、2011年度は13社。大阪ハンドバッグ協同組合、象印マホービン、ネスレ日本など、西日本の製造業を中心とした企業が、学生に企画を依頼する。学生たちはゼミごとに3人1組のチームを作り、企業の商品企画を担当する。専用サイトをオープンし、ここに自分たちが考案した商品を公開。数万人の一般の参加者から、意見や改善案をもらいながら、チームごとにマーケティング調査をしたり、試作品を作る。

この過程で学生たちは、どの顧客層をターゲットにするのか、どんな顧客ニーズがあるのかなどを、徹底的に調査し、自分たちで考える。優勝チームはメーカーと打ち合わせを繰り返し、大会終了後半年をめどに商品化を目指すのだ。

大会が終わるのは3年生の11月。立派な報告書を携えて、学生たちは就職活動に臨んでいく。Sカレで培ったチームワークやプレゼン能力は、社会に出るにあたり、遺憾なく発揮されることだろう。

岐阜大学、流通科学大学のいずれも、学生が就職活動前の早い段階で、実社会の厳しさを体感し、企業を見る目を養っていることが大きな特徴である。こうした、学生自身を成長させることで、マッチングを自ら促す仕組みは、今後重要になっていくことは間違いない。

山川醸造インターン

「伝統のたまり醬油を食卓に！　直営店舗売り上げ100万円達成への道」

岐阜大学の沖侑香里さんは、岐阜市の山川醸造で、２０１１年3月から9月まで、約6カ月のインターンシップをした。

同社の事業内容は、たまり醬油の製造販売、飲食店向けのブレンド醬油販売、醬油スイーツの販売など。従業員数12名の小さな会社だ。

食の欧米化に伴い、醬油の消費量は年々減少している。昭和30年代に全国に6000軒あった醬油の蔵元は、現在1500軒になった。

伝統的な製法を守る蔵元を残すには、消費者のニーズに応え、新商品を開発し続けるしかない。

沖さんの仕事内容は、木の樽で仕込むたまり醬油の広報活動。直営店舗の売り上げを、約1・5倍の月100万円にすることだった。沖さんは手書きPOPの作成や店内レイアウトの企画、蔵開放イベントや夏休み親子蔵見学ツアーの企画運営、旅行会社への蔵見学ツアー企画提案、広報誌の作成などをした。

実際には、インターンの初期はうまくいかないことばかりで、彼女はいつも泣いており、社長さんと長々と語ることもしばしばだった。何日も何時間も語り合った。

突破口になったのは、たまり醬油を使ったオリジナルレシピの配布だった。ブリの煮付けや焼きナスなど醬油を使ったレシピを社内で提案し、実際の来客にチラシを配布。これが評判を呼び、直売店舗の売り上げは次第に増加。売り上げ月100万円の目標を達成した。

「レシピ制作などを通じて、売りたい商品の販売数が増加、接客で購入してもらえるようになりました。2000人ものお客様が集まる蔵開放イベントや、親子向け見学ツアー、一般向けバスツアーの企画運営もして、リーダーシップも磨かれたと思います」(沖さん)

「彼女は社内向けにも、売り上げ報告や人気商品の紹介などを行い、現場スタッフの接客意識や、イベントへの姿勢にも影響を与えた」と山川社長。醤油スイーツなどの新商品開発も大事だが、沖さんによる商品紹介レシピ制作・試食販売により、「たまり醤油」そのものへのニーズがあることに気付かされたという。

「社長は私がどんなに悩んでいても、やる気を失っていても見捨てず、何時間でも粘り強くコミュニケーションを取り続けてくれました。会社にとって重要な仕事でも、インターン生を信頼し、仕事を任せてくれました。こうしたサポートがあったから、大学の授業と並行して半年間ものインターンができたのだと思います」(沖さん)

沖さんは2013年春に、愛知県内の家具商社へ入社した。

リクナビなども使い、40~50社にエントリー。面接は20~30社、生命保険4社から内定を得たが断った。就職を決めた家具商社は、大学での合同説明会で関心を持った。山川醸造でのインターンシップ経験により、ネットに流されるような就職活動から、意欲のある地元の中小企業を自ら探す力が身に付いたと、沖さんは言う。

同様の動きは、全国に広がっている。関西では、学生情報センター（京都市下京区）が関西アーバン銀行と業務提携し、同行取引先の従業員数300人以下の中堅・中小企業を紹介してもらい、学生に「ワークプレイスメント」という就業体験を実施。学生には給与を支給する。

福島県では、福島大学大学院の学生らが中心となって、県内の中小企業に特化した就職情報サイト「ふくしま人材・企業リンケージシステム（F-hils）」の運用を始め、学生と企業経営者との交流会などを開催。群馬県でも若者社会活動支援NPO法人DNAが、地元企業と若者の交流会を実施している。北九州市立大学では、学生たちが地元企業を取材し、他の学生に紹介する冊子の作成などもした。就職事情の厳しい地方だからこその、大手就職ナビに頼らない就職活動が始まっている。

リクナビやマイナビのような就職サイトだけで就職活動をする学生は、大企業・有名企業ではない、多額の広告費を出す気のない、本当に優れた中小企業と出会う機会がない。

「ウチは良い会社なのに学生が来ない」と嘆く中小企業もたくさんある。

そうしたミスマッチが多くの大学生の就職活動の現場で起きている今、やる気のある学生と、優れた中小企業を出会わせるという試みは、非常に注目すべきものだ。NPO法人G-netの代表理事である秋元祥治《あきもとしょうじ》氏は言う。

「ただし、大学生への要求水準は高いです。『大企業に就職できない学生を、中小企業に送り込む仕組み』ではないからです。社員と同じように仕事をする意欲がある、という点では、普通の大学生よりもやる気のある人でないと、長期インターンシップは務まりません。企業側も、単なる安い労働力という扱いで学生を使うような企業ではダメです。私たちから見て魅力的な企業でなければ、インターンシップの対象に選ばれないのです。だから、私たちが行う長期インターンシップには、『ホンキ系インターンシップ』という名前を付けています」

企業も学生も、互いに一層の精進が必要なようだ。

岐阜大学の高木朗義教授は、「5日間から2週間程度の短期インターンシップで提供される『職場体験』とは異なり、『地域協働型インターンシップ』では、地域おこしの活動や、地場産業の活性化の現場で、実際にマーケティングリサーチや広報プロモーションなどに携わることができます。地域・社会課題を知り、その解決に向けて大学生自身がプロジェクトとして取り組むのが特徴です」と語る。学生と企業のマッチングだけではなく、地域の活性化、少子高齢化への対策など、多彩な目的がそこには込められている。

こうした地域インターンシップ活動が、大学生たちを目に見えて成長させることが、筆者は実際に取材してよくわかった。大学生の就職のミスマッチや、就職活動を始めるまでの経験不足などを補い、将来本当に自分がやりたいこと、しかも、地域貢献できることを見つけるのに、非常に重要な体験であり、今後、広まっていくことが望ましい。

あとがきにかえて
働くとは何かを知る大学教育を

２０１３年４月、千葉商科大学が２００９年４月に開設したサービス創造学部の1期生が社会に出た。この学部では今までの大学にないユニークな教育が行われている。吉田優治学部長は、この学部を設置した狙いを、「日本の大学を変えたい」と表現する。「このままでは日本の若い人の育成が、世界のレベルに追い付かないんじゃないか。しっかりと教育をする大学が必要だ」と吉田学部長は言う。

サービス創造学部は、その名の通り「サービス」そのものを学ぶ学部である。

「今や日本のＧＤＰの74パーセントがサービス業、日本の就業人口も約70パーセントがサービスに関わっています。このサービス業というのは、飲食業界だけではありません。私たちはメーカーなどにもサービス精神が求められていると考えています。いろんな業界にサービス創造のマインドや知識を持った人材を送り出したい」（吉田氏）

企業経営者は、いつまでも変わらない日本の大学教育にうんざりしていると吉田学部長は言う。そこで、学長や学部長が自ら企業を訪問し、52社のサポーター企業を募った。これらの企業がボランティアで社員を派遣し、授業をしてくれる。

「学生の多くは、高校時代に褒められた経験が少なく、自信を持っていない。学生に自信を持たせることは大学教育で重要だが難しい。彼らは偏差値教育の中にいたが、社会は違う動きをしている。だから、公式サポーター企業と関わることで、学生をその気にさせています」（吉田氏）

サービス創造学部の学生は、「明るくて元気」と評判がいい。「4年間で、学生たちが変わっていく。その成長を感じます。メールのやりとりでも名乗らないなど友達感覚が抜けなかったのが、『お世話になっております』など丁寧に書けるようになる。社会と接するうちに変わっていく。企業とのやりとり、大人との関わりを経て、学生たちは変化していくのです」（戦略広報センターオフィス・柏木暢子課長）

企業との関わりが学生を変えていく、サービス創造学部の独自の教育を追いかけてみよう。まず、1年生たちは全員必修の「サービス創造入門」を受講する。これは、サービス創造学部の52社のサポーター企業の社員が代わる代わる来て、職業観や仕事について語る授業で、新入生は入学直後にいきなり「シャワーを浴びるように」企業人たちから仕事の話を聞く。

「企業の方には、会社の話というよりも、仕事を通じて何を成し遂げたかを語っていただく。仕事の面白さ、つらさ、社会との関わり。これを、前期で12、13人から聞く。1年生春の『サービス創造入門』では主に仕事の話を、1年秋と2年春の必修の『企業セミナー』では、主に具体的な企業の仕事の話を、そして3年次にはいくつもの業界ごとのセミナーを授業で実施しており、学生は企業人から、働くことについて、個人↓会社↓業界と徐々に大きな世界の話を聞くようになっています」(吉田氏)

専門科目の「業界セミナー」は、ファッション業界、健康関連業界、外食業界、観光・交通業界、スポーツ・エンターテインメント業界などでそれぞれ開講されており、それもゲスト講師が来る。

3年生夏のインターンシップは、約50名が参加。これは学部一学年の4分の1にあたる。公式サポーター企業26社が約50名を受け入れる。インターンシップには北海道や沖縄のリゾートなどで4週間におよぶ長期のものもある。「1年生の時から、授業などでいらしていただいた企業で、場合によっては知っている社会人もいる環境でのインターンは、より一層、リアルなビジネスや社会を身近にとらえることができる」(吉田氏)

サービス創造学部では、年2回、全学生と面談をしている。これもキャリア教育の一環だ。最初は、自分が知っている有名企業志望の学生が、教員との面談を繰り返すうちに、身の丈がわかってくる。3年間を通じて様々な企業の話を聞いたり、インターンシップをしたりする中で、方向転換し、本当に自分がやりたいこと、自分に合った仕事を探すようになる効果がある。

「プロジェクト実践」も同学部の特徴的な科目だ。これは、「活動から学ぶ」がテーマで、主に2・3年生約170人が参加する。1年生もやる気があれば履修可能。2013年度は「千葉ロッテ・プロジェクト」「旅行プロジェクト」「パーティー・プロジェクト」「コミュニティカフェ・プロジェクト」があり、実際に企業や社会と連携して、新しいサービスを企画・実行する。単位にならないが、学生の自主プロジェクトも複数動いている。プロジェクト実践は教員と専門分野の特命講師の2名によるティームティーチングで行われ、2012年度には桂由美特命教授のドレスでファッションショーをする「ブライダル・プロジェクト」、日本航空と共にプロバスケットボール公式戦をプロデュースする「千葉ジェッツ・プロジェクト」などが行われた。

「私の知らないうちに、日本航空の宣伝部長と、学生が直接電話して打ち合わせをしてい

たりもして、あわてましたが、学生たちはきちんと企画・運営できました。頼もしく見守っています」（吉田氏）

「プロジェクト実践」は大学側の企画のほか、場合によっては学生の企画も受け付ける。パイロット的な非公式プロジェクトを経て、授業化される場合もある。

「プロジェクトに参加している学生たちは、夏休みも毎日のように大学に来て、準備や会議をしています。企業にも何度も足を運び、時には怒鳴られたりもする。しかし、そうやってがんばっている学生がクラスにいることで、参加していない学生にも刺激になっています。こうした学生は、就職の面接で、自分の成功・失敗の体験を、生き生きと、胸を張って話せる。社会人が今、まさに、現場で試行錯誤している姿を学生に見せたい。体験してほしいのです」（吉田氏）

自分の会長室に選抜された学生を招き、企業の仕事の現場を見せてくれる経営者もいる。学生のうちからこんな体験ができる大学生はまれだ。

一方、専門ゼミでも、たとえばマーケティングなら、実際に学生を外に出して、企業や商店街などで調査をさせることもある。吉田学部長のゼミでは、企業のビジネスモデルを作成するために、まずは専門書をしっかりと読ませる。ハーバード大学のＭＢＡで行われているような「ケース・メソッド」を導入し、ディスカッションをする。学生たちにもケース・メソッドを実際に作らせる。

「学生は私たち教員からは理論を、そして企業からは実践を学ぶ。公式サポーター企業からは、先端的なサービスを学びます。こうした企業はどうやって開拓したか。島田晴雄《しまだはるお》学長のご縁もありましたが、私が自分で営業した企業もあります。そして思いを熱く語る。共感していただく。お金ではないが、互いがWIN-WINの関係になる。企業は怖いもの知らずで飛び込んでいけば応えてくれます。こうして多くの企業のお力を借りて教育ができているのです」（吉田氏）

学生に「これでもか、これでもか」と社会との接点を作り、企業から学ばせる。こうして1期生の就職希望者はほぼ全員が就職できた。まだ2013年春に入社したばかりだが、企業からは「目付きが違う、態度が違う」とおおむね高い評価を受けている。

「どうにもだらしなく、ダメだった学生が、大手流通業に内定しました。僕は彼がダメな時から、『君を全力で応援する』と言い続けてきました。内定後は就職のアドバイザーとして3年生を支援してくれました。彼は素晴らしい成功例になった」（吉田氏）

サービス創造学部は、日本の大学教育を変える手がかりになる、と吉田学部長は言う。

「学生募集のための教育改革は、もうやりたくないんです。本当に自分たちが育てたい若い人を作るような教育がしたい」（吉田氏）

大学教員は、なかなか組織的に動かない人たちだ。だから、トップが、リーダーが、熱い思いを持って教員をコントロールしていくべきだと吉田学部長は言う。教員もそうやって育てる。育てるだけじゃなくて、自分で学んで、上がってきてもらう。これは学生も同じだ。そういう意味では、ある程度学生には自主性に期待し、突き放した部分もある。

「今までは、大量生産、人と同じ発想、人から言われたことをやる人間が就職できた。でも、これからは、人と違ったことを、どれだけ経験し、決行し、発想し、実現してきたかだ」（吉田氏）

あえて偏差値というレッドオーシャンにたたかいを挑まず、企業と協力した人材育成というブルーオーシャンで学生を教育する、千葉商科大学のサービス創造学部。こうしたタイプの大学で伸びる学生はきっといるだろう。そして、企業と大学で人材育成のあり方が明らかにズレてきている今、文系私大の、企業とのミスマッチを防ぐための学部教育のあり方としても、この大学の動きは注目である。

本書を通じて申し上げたいのは、日本にとって数少ない貴重な資源である若者という人材が、社会で活躍していけるように、私たちがどれだけのことができるか、そして、彼らが自発的に伸びる環境を用意することの重要性だ。すべての人が手を携えてそれに取り組んでいくべきである。

最後に、本書の執筆にあたり、取材、編集でお世話になったすべての方々に篤く御礼申し上げたい。なかでも、一般社団法人 日本国際化推進協会の大村貴康氏には、多くの点でご尽力賜ったことを特に記す。

著者略歴

山内太地《やまうちたいじ》

一九七八年岐阜県生まれ。大学ジャーナリスト。

明治大学・文明とマネジメント研究所客員研究員。

一般社団法人大学イノベーション研究所所長。

二〇〇一年に東洋大学社会学部社会学科卒業後、ホテル、出版社勤務などを経て独立。

理想の大学教育を求め、四七都道府県一四カ国及び三地域の八七四大学一一六四キャンパスを見学。

日本国内の四年制大学七八六校をすべて訪問（一三年度現在）。

高校生・大学生の進路指導法、大学の経営・入試広報などのテーマで講演を多数実施。

『大学のウソ　偏差値60以上の大学はいらない』（角川oneテーマ21）、『時間と学費をムダにしない大学選び2014』（共著、中央公論新社）、『22歳負け組の恐怖』（中経出版）、『アホ大学のバカ学生』（共著、光文社新書）、『こんな大学で学びたい！　日本全国773校探訪記』（新潮社）など著書多数。

幻冬舎新書 337

就活下剋上

なぜ彼らは三流大学から一流企業に入れたのか

二〇一四年一月三十日 第一刷発行

著者 山内太地

発行人 見城 徹

編集人 志儀保博

発行所 株式会社 幻冬舎

〒一五一-〇〇五一 東京都渋谷区千駄ヶ谷四-九-七

電話 〇三-五四一一-六二一一(編集)

〇三-五四一一-六二二二(営業)

振替 〇〇一二〇-八-七六七六四三

ブックデザイン 鈴木成一デザイン室

印刷・製本所 株式会社 光邦

Printed in Japan ISBN978-4-344-98338-0 C0295

や-8-1

幻冬舎ホームページアドレス http://www.gentosha.co.jp/

*この本に関するご意見・ご感想をメールでお寄せいただく場合は、comment@gentosha.co.jp まで。

荻上チキ
僕らはいつまで「ダメ出し社会」を続けるのか
絶望から抜け出す「ポジ出し」の思想

注目の若手評論家が、政治・経済、社会のバグ(問題)を総チェック。個人の生きづらさから、意見・提言へのバッシングが横行する日本で、よりポジティブな改善策を出し合い、社会を変える方法を提言。

小島貴子
働く意味

働く意味がわからない、正社員として働くメリットがわからないなど、若者たちは大人には理解できない悩みで苦しんでいる。そんな「働く悩み」にカリスマ・キャリアカウンセラーが答える。親や上司必読の書。

竹内健
世界で勝負する仕事術
最先端ITに挑むエンジニアの激走記

半導体ビジネスは毎日が世界一決定戦。世界中のライバルと鎬を削るのが当たり前の世界で働き続けるとはどういうことなのか？　フラッシュメモリ研究で世界的に知られるエンジニアによる、元気の湧く仕事論。

福澤徹三
もうブラック企業しか入れない
会社に殺されないための発想

非正規雇用者が2040万人を超え、さらに加速する格差社会のなかで、ブラック企業の見分け方からトラブルの対処法、これからの時代の働き方まで、さまざまな角度から考える仕事の哲学。

幻冬舎新書

相原孝夫
仕事ができる人はなぜモチベーションにこだわらないのか

モチベーションは、ささいなことで上下する個人の気分。成果を出し続ける人は、自分の気分などには関心がない。高いモチベーションなど幻だ。気持ちに左右されない安定感ある働き方を提言する。

小谷野敦
面白いほど詰め込める勉強法
究極の文系脳をつくる

膨大な〈知〉を脳の許容量いっぱいにインストールするコツは「リスト化」「記号化」「年表化」の三技法！　文藝評論家で留学経験があり、歴史や演劇にも詳しい著者が教える、博覧強記になれる最強ノウハウ。

伊藤洋介
上司は部下の手柄を奪え、部下は上司にゴマをすれ
会社にしがみついて勝つ47の仕事術

絶対クビにならずに会社人生をまっとうするための、忘れ去られた美徳とも言うべきマナーや義務を多くの具体例と共に詳述する逆説的仕事論。あなたのサラリーマン常識は完全に間違っている!!

近藤勝重
書くことが思いつかない人のための文章教室

ネタが浮かばないときの引き出し方から、共感を呼ぶ描写法、書く前の構成メモの作り方まで、すぐ使える文章のコツが満載。例題も豊富に収録、解きながら文章力が確実にアップする！

幻冬舎新書

菊間ひろみ
英語を学ぶのは40歳からがいい
3つの習慣で力がつく驚異の勉強法

やるべきことの優先順位も明確な40歳は英語に対する「切実な想い」「集中力」が高く、英会話に不可欠な社会経験も豊富なため、コツさえつかんで勉強すれば英語力はぐいぐい伸びる！

小笹芳央
「持ってる人」が持っている共通点
あの人はなぜ奇跡を何度も起こせるのか

勝負の世界で〝何度も〟奇跡を起こせる人を「持ってる人」と呼ぶ。彼らに共通するのは、①他人②感情③過去④社会、とのつきあい方。ただの努力と異なる、彼らの行動原理を4つの観点から探る。

小宮一慶
ぶれない人

「ぶれない」とは、信念を貫くことである。だが、人は目先の利益にとらわれ、簡単に揺らいでしまう。長期的には信念を貫ける人ほど成功できるのだ。人気コンサルタントが本音で語る成功論。

梶原しげる
毒舌の会話術
引きつける・説得する・ウケる

カリスマや仕事のデキる人は、実は「毒舌家」であることが多い。毒舌は、相手との距離を短時間で縮め、濃い人間関係を築ける、高度な会話テクニックなのだ。簡単かつ効果絶大の、禁断の会話術。

幻冬舎新書

山名宏和
アイデアを盗む技術

オリジナルの発想などない。積極的に他人の思考を盗めばいい。企画会議、電車内の会話、テレビ……この世は他人の発想で溢れている。人気放送作家がアイデアを枯渇させない発想術を伝授！

近藤勝重
なぜあの人は人望を集めるのか
その聞き方と話し方

人望がある人とはどんな人か？　その人間像を明らかにし、その話し方などを具体的なテクニックにして伝授。体験を生かした説得力ある語り口など、人間関係を劇的に変えるヒントが満載。

柴田英寿
金になる人脈
その近づき方・つくり方・転がし方

誰も知らない情報、新しい価値観を提供する人が現代の人脈であり、地位や肩書きのないあなたにも富をもたらす源泉となる。「知人の束」を「人脈」に変え、情報と金を呼ぶ仕組みづくりを伝授。

福澤徹三
自分に適した仕事がないと思ったら読む本
落ちこぼれの就職・転職術

拡大する賃金格差は、能力でも労働時間でもなく単に「入った企業の差」。この格差社会で「就職」をどうとらえ、どう活かすべきか？　マニュアル的発想に頼らない、親子で考える就職哲学。